Team building
El arte y ciencia de ayudar a los equipos a mejorar

El arte y ciencia de ayudar a los equipos a mejorar

Team building

El arte y ciencia de ayudar a los equipos a mejorar

Enrique Margery Bertoglia

Vicae Mundi
Ediciones

Primera edición: noviembre 2024

© Derechos de edición reservados.
Vicae Mundi Ediciones

© Enrique Margery Bertoglia

Diseño de edición: Cognitivarte LATAM.

ISBN: 978-9968-03-971-0

DEPÓSITO LEGAL: AL 2510-2024

II. 2024

Team building
CONTENIDOS

teambuilding

1

Origen y evolución

«Ninguno de nosotros es tan inteligente como todos nosotros» (Ken Blanchard).

«La mejor manera de tener una buena idea es tener muchas ideas» (Linus Pauling).

«El verdadero descubrimiento consiste no en buscar nuevos paisajes, sino en mirar con nuevos ojos» (Marcel Proust).

1.1. El siglo de los equipos.

El *team building* es una práctica clave en el ámbito organizacional, que ha evolucionado desde un conjunto de actividades recreativas hasta convertirse en un pilar del desarrollo de equipos de alto rendimiento. Desde sus raíces en la psicología organizacional hasta su papel en la actualidad, esta práctica ha demostrado ser fundamental en la mejora de diversas variables del desempeño, como la productividad, la cohesión grupal y el liderazgo.

Los orígenes. El *team building* tiene sus raíces en los estudios sobre el comportamiento grupal y las dinámicas interpersonales de inicios del siglo XX. Uno de los hitos fundamentales en su desarrollo es el Experimento de Hawthorne, llevado a cabo entre 1924 y 1932 por el psicólogo industrial Elton Mayo en la planta de la Western Electric Company en Hawthorne, Illinois. Este experimento buscaba analizar el impacto de las condiciones laborales en la productividad, pero sus hallazgos revelaron algo mucho más significativo: las dinámicas sociales y el sentido de pertenencia dentro de los equipos influían de manera directa en el desempeño de los trabajadores: al sentirse foco de atención e interés, se generaba un efecto positivo, conocido como *Efecto Hawthorne*.

A partir de estos descubrimientos, se empezó a valorar la importancia de los grupos y la interacción humana en el entorno laboral. Durante la década de 1940, el psicólogo Kurt Lewin -uno de los padres de la psicología social moderna- desarrolló el concepto de dinámica de grupos (*group dynamics*). Lewin introdujo la idea de que los equipos no son simplemente la suma de sus miembros, sino que poseen características emergentes, desempeños que resultan de la interacción entre sus miembros.

En la segunda mitad del siglo XX, la práctica del *team building* se formalizó y se expandió. En la década de 1960, con el auge del Desarrollo Organizacional (DO), surgieron técnicas y teorías que promovían el fortalecimiento de los equipos en las empresas. Uno de los primeros teóricos en explorar de forma sistemática el trabajo en equipo fue Bruce Tuckman, quien en 1965 formuló el conocido modelo de las etapas del desarrollo de los equipos: *Forming* (formación), *Storming* (tormenta), *Norming* (normalización), *Performing* (desempeño) y, en la década de 1970, agregó una quinta etapa, *Adjourning* (despedida). Este modelo explica cómo los equipos progresan y superan conflictos en su camino hacia un rendimiento óptimo.

Desde una perspectiva formal, el *team building* (o construcción de equipos) es un conjunto de actividades y estrategias diseñadas para fortalecer las relaciones interpersonales, mejorar la comunicación, fomentar la colaboración y aumentar la cohesión dentro de un grupo de trabajo. Estas actividades suelen llevarse a cabo fuera del entorno laboral habitual y buscan crear un ambiente de confianza y camaradería que se traduzca en un mejor desempeño en el trabajo en equipo (Zander & Zander, 2000).

Quienes promueven estas actividades buscan una comunicación abierta y efectiva entre los miembros del equipo, mayor confianza entre sus integrantes, desarrollar habilidades para gestionar el conflicto constructivo, crear vínculos más fuertes y aumentar la efectividad del equipo (Adair, 2017).

Para adaptarse a diferentes tamaños de equipos y objetivos específicos, la variedad de ejercicios de team building es enorme y va desde actividades al aire libre (como escalada y juegos de orientación), hasta juegos de roles, en los que los participantes asumen diferentes roles y simulan situaciones reales de traba-jo. En el medio, tenemos ejercicos de comunicación (para mejorar la escucha activa, la expresión de ideas y la resolución de conflictos), actividades recreativas y desafíos lógicos (como los *escape rooms* (o "cuartos de escape"), donde los miembros del equipo trabajan juntos para encontrar soluciones.

Los años 1980 y 1990 vieron un aumento en el uso de actividades de *team building* en el mundo corporativo. Durante estos años, empresas como General Electric e IBM comenzaron a implementar actividades orientadas a mejorar la cohesión grupal, la comunicación y el liderazgo en sus equipos. Las actividades ya no se limitaban a mejorar el rendimiento inmediato, sino que se enfocaban en desarrollar competencias blandas a largo plazo, como la gestión de conflictos, la creatividad y el liderazgo situacional.

1.2. Team building y Desempeño.

El *team building* es más que una actividad recreativa; es una potente herramienta que impacta dimensiones críticas del desempeño organizacional, a saber:

Cohesión del equipo: definida como el grado de atracción que sienten los miembros hacia su equipo y su disposición a permanecer en él, es una variable central en el rendimiento. Los estudios de Patrick Lencioni, en su obra *The Five Dysfunctions of a Team* (2002), resaltan que la falta de cohesión y confianza dentro del equipo es una de las mayores causas de disfunción en el desempeño colaborativo. El *team building* fomenta relaciones interpersonales más fuertes, lo que, a su vez, mejora la cooperación y la sinergia dentro del equipo.

Comunicación efectiva: la comunicación clara y abierta es esencial para el éxito organizacional. El *team building* promueve una mayor apertura y transparencia entre los miembros del equipo, lo que mejora tanto la comunicación interna como la resolución de problemas. La investigación en psicología organizacional ha demostrado que los equipos con una comunicación efectiva tienen una mayor capacidad para resolver problemas complejos y tomar decisiones óptimas.

Compromiso y motivación: participar en actividades de *team building* mejora el compromiso al generar un sentido de pertenencia y propósito dentro del grupo. Esto se traduce en mayor motivación y disposición para superar los obstáculos organizacionales.

Liderazgo compartido: el *team building* permite el desarrollo de habilidades de liderazgo, no solo en los cuadros de mando, sino en todos los miembros del equipo. El concepto de *liderazgo compartido*, promovido por teóricos como Peter Senge en su obra *La Quinta Disciplina* (1990), sostiene que las organizaciones que fomentan el liderazgo en todos los niveles son más adaptables y exitosas.

Resolución de conflictos: al crear un entorno donde cada quien puede expresar sus preocupaciones y resolver las disputas de manera constructiva, se promueve una atmósfera de respeto y colaboración, donde todos saben que no se tolera el ataque personal, que hay que "procesar el *input*" antes de reaccionar y que el único ganador aquí es el equipo.

1.3. El futuro del team building.

El *team building* continuará siendo una herramienta esencial en el futuro, pero evolucionará para adaptarse a las nuevas realidades laborales. Algunas de las tendencias más relevantes incluyen:

team building virtual: con el aumento del trabajo remoto, el *team building* virtual ha ganado terreno. Plataformas digitales como Zoom, Microsoft Teams o Miro se han convertido en espacios donde los equipos colaboran y realizan actividades de *team building* a distancia. El reto es integrar estos ejercicios en entornos virtuales, abordando desafíos como la distancia y la falta de interacción física.

Personalización basada en datos: en el futuro, el uso de análisis de datos y evaluaciones psicométricas permitirá que las actividades de *team building* sean cada vez más personalizadas. A través del análisis de datos sobre el comportamiento del equipo, se podrán diseñar actividades más efectivas que aborden puntos cruciales de cada equipo .

Énfasis en la diversidad e inclusión: La creciente importancia de la diversidad e inclusión en el lugar de trabajo impulsa actividades de *team building* con enfoque en fomentar la comprensión intercultural y el respeto por las diferencias individuales. Esto permite a los equipos aprovechar la diversidad de pensamiento y perspectiva, un motor de la innovación.

Integración del bienestar organizacional: Las actividades también están incorporando elementos de bienestar mental y emocional. El *team building* del futuro enfocará en ejercicios que promuevan la salud mental, la empatía y la resiliencia.

Conclusión. El *team building* ha recorrido un largo camino desde sus orígenes en la psicología organizacional hasta convertirse en una práctica clave para el desarrollo de equipos de alto rendimiento. Su historia y evolución demuestran su eficacia en mejorar variables críticas del desempeño organizacional, como la cohesión, la comunicación, el compromiso y el liderazgo, siempre y cuando se tenga claros los objetivos de aprendizaje y se de seguimiento a la transferencia de saberes al contexto laboral. Mirando hacia el futuro, el *team building* continuará evolucionando para adaptarse a las nuevas formas de trabajo y los desafíos que enfrentan las organizaciones. Para las empresas del siglo XXI, el *team building*, más que ser erróneamente visto como una actividad recreativa, es una herramienta estratégica para lograr el éxito sostenible.

Finalmente, no debemos olvidar que, en el contexto del team building, nuestra unidad de análisis es "el equipo": luego, es clave tener una sólida comprensión de su naturaleza y procesos. Por ello, las primeras *cápsulas pedagógicas* de este libro (indicadas con la señal **"CP"**) están enfocadas en profundizar nuestra visión de aquello que llamamos "equipo". Asimismo, los lectores encontrarán apartados llamados **"TB"**, donde se presentan *ejercicios*, que animamos a poner a prueba en sus equipos y adaptarlos a las necesidades y características de cada organización.

CP1	**Cápsula Pedagógica:** *la anatomía del trabajo en equipo.*

Un equipo son dos o más individuos que, de modo dinámico y adaptativo, interactúan en pro de metas compartidas y valoradas. En el equipo, la interdependencia es el factor central (ninguno podría solo) y la experticia distribuida y heterogénea (todos saben cosas distintas) crea el potencial para el desempeño.

El modelo presentado por Eduardo Salas y sus colaboradores (1992) examina componentes críticos y mecanismos de coordinación que promueven la efectividad en el trabajo de equipo. Este modelo, describe cinco componentes fundamentales y tres mecanismos necesarios para que un equipo funcione de manera eficaz. Los componentes son:

1. **Liderazgo de Equipo**: el liderazgo efectivo es crucial para guiar al equipo, establecer una dirección clara y fomentar un modelo mental compartido. El líder debe facilitar la adaptabilidad y crear un entorno que motive el comportamiento de respaldo y el monitoreo mutuo del desempeño.

2. **Monitoreo Mutuo del Desempeño**: los miembros deben observar el rendimiento de sus compañeros para asegurarse de que se cumplen las tareas. Esto permite identificar errores o desvíos antes de que se conviertan en problemas mayores. Para lograr lo anterios, se necesita una comprensión compartida de las tareas y responsabilidades y un clima de confianza y apertura que permita la crítica constructiva y la colaboración efectiva.

3. **Comportamiento de Apoyo**: se refiere a la disposición de los miembros del equipo para proporcionar ayuda y recursos cuando uno de los integrantes lo necesita. Esto incluye asistencia, retroalimentación o incluso completar las tareas (en los equipos de alto desempeño, los pares corrigen y mejoran el trabajo de sus colegas, sin que éstos se sientan menoscabados). El apoyo es clave pues previene el agotamiento individual y mejora la resiliencia del equipo en situaciones difíciles.

4. **Adaptabilidad**: es la capacidad del equipo para reconocer cambios en el entorno y ajustar sus acciones en consecuencia. Aquí es clave contar con una noción global de la tarea y la habilidad para identificar y responder a dichos cambios.

5. **Orientación de Equipo**: se refiere a la tendencia del equipo a priorizar el éxito colectivo sobre los logros individuales. Implica la disposición a coordinarse, evaluar y utilizar los aportes de los demás miembros durante la ejecución de tareas.

Los mecanismos de coordinación son:

- **Modelos Mentales Compartidos**: los miembros deben compartir una comprensión común de los objetivos, tareas y roles necesarios para el éxito del equipo. Esto permite la acción coordinada y reduce la necesidad de comunicación excesiva. En equipos de alto desempeño, la sincronización de los modelos mentales logra que el equipo opera como si cada miembro fuese capaz de "leer la mente" de sus pares.

- **Comunicación Interconectada**: la comunicación efectiva es esencial para mantener la sincronización del equipo. Debe existir un equilibrio para evitar la sobrecarga de información y asegurar que todos estén informados adecuadamente.

- **Confianza Mutua**: la confianza entre los miembros es fundamental para aceptar el monitoreo mutuo y la retroalimentación. Un equipo con alta confianza está más dispuesto a compartir información crítica y asumir riesgos para mejorar su rendimiento.

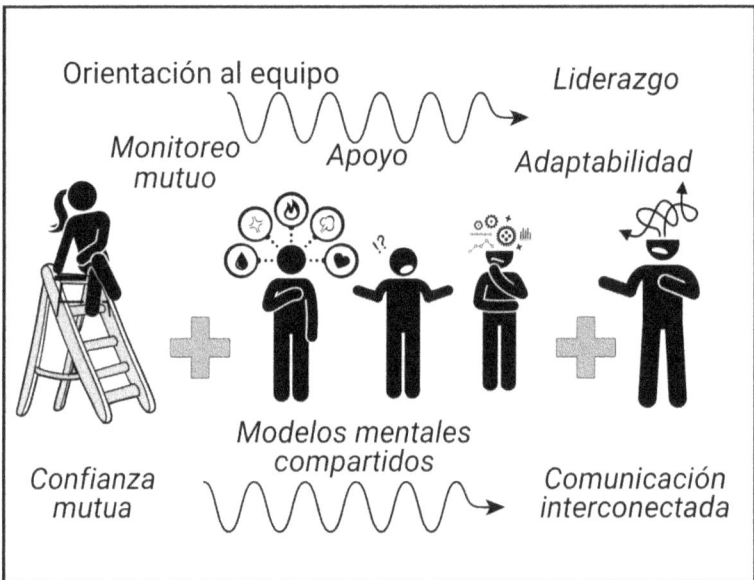

Figura 1. *Los componentes del trabajo en equipo.*

Este modelo ofrece un marco teórico sólido. En el contexto del team building, es claro que nuestro objeto de estudio son los equipos y sus dinámicas de operación, por lo que un buen conocimiento de sus componentes estructurales y sus mecanismos de coordinación es un saber esencial.

| CP2 | **Cápsula Pedagógica:** *La confianza como núcleo de la colaboración.* |

La confianza es crucial en el equipo, y está dada por tres dimensiones: la *experticia* (confiamos, o no, en que alguien es capaz de hacer la tarea), la *transparencia* (la creencia en su honestidad) y la *responsabilidad* (la capacidad de cumplir las promesas). Por lo anterior, proponemos un primer team building...

| TB1 | **"Confianza en 3D"** |

1. *Autoevaluación:* empleando las siguientes tablas, cada participante se autoevalúa en cada dimensión (competencia, transparencia y responsabilidad). El puntaje está dado por el nivel en que se ubique y los tres puntajes se suman para obtener una nota entre 3 y 12 puntos.
2. *Valoración del equipo:* cada participante valora y calcula el puntaje de confianza "para el equipo como un todo". Luego se comparten puntos altos y bajos y la visión de cada evaluador.
3. *Evaluación a 180°:* este paso requiere gran madurez. De forma anónima, cada miembro del equipo es evaluado por el resto. Al sumar los puntajes y dividirlos entre el número de evaluadores, cada quien puede comparar su autoevaluación con la evaluación que le otorga el resto del equipo.

Este es un ejercicio en 3D, pues estudia las tres dimensiones de la confianza, y lo hace por individuo (paso1), por equipo (paso2) y por evaluación multi-evaluador (paso3).

1	**Nivel 1: Incompetencia.** *Descripción:* la persona carece de los conocimientos y habilidades necesarias para realizar la tarea de manera efectiva. Los resultados son inconsistentes, suele presentar errores o fallas importantes y requiere supervisión constante o corrección frecuente. *Ejemplo:* "Me cuesta cumplir; cometo muchos errores y necesito guía constante."
2	**Nivel 2: Competencia Básica.** *Descripción:* la persona tiene un conocimiento básico y puede realizar tareas rutinarias. A menudo necesita apoyo o directrices adicionales para manejar problemas complejos o imprevistos. Los resultados son aceptables, pero no de alta calidad. *Ejemplo:* "Puedo cumplir con las tareas, pero me complico frente a situaciones inesperadas."
3	**Nivel 3: Competencia Avanzada.** *Descripción:* la persona posee un sólido nivel de conocimientos y habilidades, completa tareas de manera eficiente y con resultados generalmente de buena calidad. Sabe cómo abordar problemas complejos sin mucha supervisión, aunque aún puede mejorar en algunos aspectos. *Ejemplo:* "Cumplo de manera confiable y con buenos resultados, aunque aún puedo mejorar"
4	**Nivel 4: Maestría.** **Descripción**: la persona aborda las tareas de manera precisa y eficiente, y logra resultados de alta calidad de modo consistente. Es capaz de enfrentar desafíos complejos de forma independiente, sirviendo incluso de referencia o guía para otros. *Ejemplo:* "Realizo las tareas con excelencia y a menudo soy consultado por otros."

Tabla 1. Escala de experticia: ¿Cuál es su nivel?

A continuación tenemos la transparencia:

1	**Nivel 1: Manipulación y secretismo.** *Descripción:* la persona tiende a ocultar información, manejar agendas ocultas o manipular a otros. Suele usar dobles discursos, diciendo una cosa pero actuando de manera contraria. *Ejemplo:* "Oculto información importante o manipulo a las personas para lograr lo que quiero."
2	**Nivel 2: Opacidad estratégica.** *Descripción:* la persona es generalmente opaca y selectiva en cuanto a qué información comparte y con quién. Revela verdades a medias para evitar conflictos o mantener el control. *Ejemplo:* "Revelo solo lo que me beneficia o lo que considero necesario, sin mostrarlo todo."
3	**Nivel 3: Sinceridad parcial.** **Descripción**: la persona es honesta y abierta en la mayoría de las situaciones, pero todavía retiene ciertos aspectos o puede suavizar la verdad para evitar tensiones o protegerse. *Ejemplo:* "Soy sincero, pero suavizo la verdad si creo que puede generar problemas."
4	**Nivel 4: Autenticidad y claridad total.** **Descripción**: la persona se comunica de manera clara y auténtica, sin dobles discursos; no oculta información importante, no maneja agendas ocultas y actúa con integridad, sin temor a las repercusiones de ser completamente transparente. *Ejemplo:* "Digo lo que pienso de manera clara y honesta, sin manipular ni ocultar información."

Tabla 2. Escala de transparencia: ¿Cuál es su nivel?

La tercera dimensión es la responsabilidad, con su escala:

1	**Nivel 1: Irresponsabilidad.** *Descripción:* La persona rara vez cumple con sus promesas o compromisos. Deja tareas incompletas o las abandona sin previo aviso. No asume las consecuencias de sus acciones, se justifica y culpa a otros. *Ejemplo:* "No cumplo, y busco excusas o culpables."
2	**Nivel 2: Responsabilidad Parcial.** *Descripción:* la persona es inconsistente; tiende a priorizar solo ciertas promesas y deja de cumplir otras por falta de organización, motivación, disciplina o que no anticipa los problemas. *Ejemplo:* "Cumplo algunas promesas, suelo dejar tareas incompletas o entregar tarde."
3	**Nivel 3: Responsabilidad Confiable.** *Descripción:* la persona planifica y gestiona sus tareas de manera efectiva y, si surge algún problema, toma medidas para mitigar el impacto o renegociar plazos. Los incumplimientos son raros y son explicados de manera transparente. *Ejemplo:* "Cumplo mis compromisos y, si surge un problema, busco soluciones rápidamente."
4	**Nivel 4: Responsabilidad Ejemplar.** *Descripción:* La persona siempre cumple con sus promesas y compromisos, incluso anticipando posibles dificultades. Planifica de manera proactiva, asume plena responsabilidad y mantiene su palabra. En caso de imprevistos, actúa con rapidez para resolverlos sin afectar a otros. *Ejemplo:* "Siempre cumplo con lo que prometo y, si surge un problema, me aseguro de resolverlo antes de que afecte a alguien más."

Tabla 3. Escala de responsabilidad: ¿Cuál es su nivel?

CP3	Cápsula Pedagógica: Las etapas de desarrollo del equipo.

Bruce Tuckman (1938-2016, psicólogo estadouni-dense) propuso en 1965 un modelo que describe las etapas típicas que atraviesa un equipo a medida que se desarrolla y crece (Tuckman, 1965). Una herramienta muy útil para entender la dinámica de grupo, el modelo se convirtió en una herramienta fundamental en la gestión de equipos y la facilitación de dinámicas grupales. En 1977, se añadió una quinta fase, que refleja la disolución o cierre del equipo (Tuckman y Jensen, 1977). Así, el ciclo de vida de los equipos de trabajo pasa por cinco fases secuenciales:

Formación (Forming): es la etapa inicial, donde los miembros del equipo se conocen por primera vez. Existe incertidumbre sobre los roles, las expectativas y el objetivo común. Los miembros son corteses, evitan conflictos y buscan la aprobación del líder. Los desafíos incluyen establecer la confianza y definir los roles de cada miembro.

Conflicto (Storming): ahora emergen los conflictos interpersonales y las diferencias de opinión. Se cuestionan las ideas y las decisiones del líder. Los miembros pueden ser competitivos, resistentes al cambio y mostrar desacuerdos. Los desafíos apuntan a resolver conflictos, establecer normas de grupo y definir un liderazgo claro.

Normalización (Norming): se resuelven los conflictos y se establecen relaciones más sólidas entre los pares. Se desarrolla un sentido de pertenencia al grupo. Los miembros cooperan, se apoyan mutuamente y comparten un objetivo común. Los nuevos retos incluyen mantener la cohesión del grupo y evitar la conformidad excesiva.

Desempeño (Performing): el equipo funciona de manera eficiente y eficaz. Los miembros se centran en alcanzar los objetivos y aprovechan al máximo sus habilidades individuales; son flexibles, adaptables y se comunican de manera abierta y honesta. Los desafíos típicos son mantener la motivación y la innovación en el colectivo.

Disolución (Adjourning): se aborda la disolución del equipo, por haber logrado los objetivos o por reestructuración. El equipo se prepara para separarse, lo que puede generar sentimientos de pérdida o incertidumbre. Se evalúan los logros y los aprendizajes, y los miembros del equipo comienzan a redirigir su atención a otros proyectos. Los desafíos incluyen la gestión de los sentimientos de pérdida, ansiedad e incertidumbre; brindar un espacio formal para reflexionar y cerrar el ciclo y (muy importante en equipos de alto desempeño) sistematizar los aprendizajes del equipo.

Cada fase se caracteriza por desafíos únicos y comportamientos específicos, por lo que líderes, managers y facilitadores deben intervenir con técnicas adecuadas para cada una.

Formación	*Promover la confianza:* un ambiente en el que los pares se sientan cómodos para expresarse. *Clarificar expectativas:* el equipo debe tener claridad de los objetivos a corto y largo plazo, así como de los roles y responsabilidades de cada miembro. *integrar:* permitir a los miembros conocerse mejor en estilo y fortalezas.
Conflicto	*Resolver conflictos:* proporcionar herramientas para que el equipo pueda abordar y resolver conflictos de manera constructiva ("No hay ataques personales ni ganadores individuales: el único ganador debe ser el equipo"). *Diálogo abierto:* crear espacios para discutir problemas y preocupaciones. *Reenfoque en los objetivos comunes:* frente a tensiones interpersonales, se alinea a cada persona con las metas del equipo.
Normalización	*Refuerzo de la colaboración:* con ejercicios que fortalecen esta competencia. *Desarrollo de procesos claros:* Facilitar discusiones para definir y documentar cómo el equipo tomará decisiones, resolverá conflictos y evaluará su progreso. *Construcción de confianza:* con actividades que requieran interdependencia.
Desempeño	*Mantener el enfoque en la mejora continua,* con actividades que fomenten la innovación, la retroalimentación constructiva y el desarrollo personal. *Celebrar logros:* reconocer el éxito del equipo refuerza la moral y asegura que los miembros se mantengan motivados. *Tareas desafiantes:* para alimentar el *engagement* individual y grupal.

Disolución	*Evaluación y retroalimentación:* facilitar la revisión de lecciones aprendidas, para capturar el conocimiento y aplicarlo en futuros proyectos. *Celebración del cierre:* organizar un evento o dinámica de celebración que cierre el ciclo del equipo de manera positiva. *Apoyo a la transición:* asegurarse de que cada quien tenga una visión clara de sus próximos pasos, dentro de la misma organización o en otros equipos.

Tabla 4. Tratamiento de cada etapa.

Saber cómo se desarrollan los equipos es crucial para anticipar los desafíos aparecen en cada etapa. Muchos equipos enfrentan dificultades al no comprender los desafíos típicos de la fase en que se encuentran (se bloquean, evitan conversaciones difíciles, ignoran la importancia del conflicto constructivo y pierden la oportunidad de colaborar). Eso sí, no todos los equipos pasan por los cuatro niveles de manera lineal: algunos pueden retroceder o saltarse etapas. Además, la duración de cada tramo varía según el equipo y la tarea a realizar; finalmente, el rol del líder al facilitar la comunicación, resolver conflictos y fomentar la colaboración es fundamental en cada etapa.

| **TB2** | "El puente de Tuckman" |

Este es un ejercicio de hora y media, enfocado en el insight sobre los niveles de desarrollo de los equipos y el nivel en que se encuentra el propio equipo. Los participantes serán capaces de explicar el modelo de Tuckman y sus etapas, identificar la fase en la que se encuentra su equipo y aplicar estrategias para avanzar hacia la fase de desempeño.

1. Introducción (15 minutos): el facilitador da la bienvenida al grupo y explica que la actividad se enfocará en explorar las diferentes fases de desarrollo por las que pasa un equipo. Los participantes son organizados en equipos de entre 5 a 8 personas.

2. Ejercicio "Construir el puente de Tuckman" (20 minutos). Cada equipo recibe un paquete de materiales (10 hojas de papel, un block pequeño de Post-it, una engrapadora. un rollo de cinta adhesiva y una canica de vidrio). Se colocan mesas rectangulares, separadas 30 centímetros entre sí, y se pide a cada equipo que "construya un puente entre las dos mesas, por la que pueda avanzar una canica, a la que se da un suave empujón".

3. Cruzando el puente de Tuckman (20 minutos): el facilitador pregunta a los grupos cómo se sintieron y abordaron los sentimientos de confusión, colaboración y diferencias sobre cómo operar. El facilitador hace una presentación del modelo de Tuckman y pregunta a los participantes si pueden, en retrospectiva, identificar esas fases durante el ejercicio anterior.

4. Autoevaluación (5 minutos): el facilitador dibuja un cuadrante con las etapas y pide a cada participante que piense en su equipo laboral y ponga por escrito (en las notas autoadhesivas) la etapa en la que cree que se encuentra. El facilitador coloca la nota de cada participante en el cuadrante correspondiente.

5. Identificando desafíos y oportunidades (15 minutos): se divide a los participantes en grupos, de acuerdo con la fase en la que han apuntado a su equipo. Cada grupo discute: ¿Qué evidencia tengo de que estamos en esta etapa? Y ¿Cuáles estrategias nos permitirían pasar a la siguiente? Luego cada subgrupo comparte sus hallazgos con la plenaria.

6. Avanzando (15 minutos): cada grupo define un trío de acuerdos y acciones para avanzar hacia la fase de desempeño (o mejorar, si ya se encuentra allí). Se asigna responsables y plazos para estas acciones, garantizando que todos los presentes jueguen un papel.

7. Cierre (10 minutos). El facilitador pide a los participantes que compartan una idea clave con la que salen del taller. Se programa una sesión de seguimiento a 4 o 6 semanas.

2

Los fundamentos del team building

«La educación no cambia el mundo; cambia a las personas que van a cambiar el mundo» (Paulo Freire).

«La forma más efectiva de hacerlo es hacerlo» (Amelia Earhart).

«No vayas a donde te lleve el camino. Ve en cambio donde no hay camino y deja una huella» (Ralph Waldo Emerson).

2.1. Lúdica, juego y team building.

La lúdica es una dimensión del desarrollo humano, asociada con la necesidad de expresión y la búsqueda de emociones gratificantes, como el placer y la sorpresa. Ahora bien, cuando esta expresión espontánea es sujeta a reglas, nace el juego (Margery, 2020). Para el filósofo norteamericano Bernard Suits, el juego es un «intento voluntario de superar obstáculos innecesarios» (Suits, 1978: 41).

Estos obstáculos son las reglas del juego, las que debemos respetar si queremos participar (por ejemplo, en el ajedrez, debemos esperar a que el rival haga su movida, antes de hacer la nuestra y en el fútbol, un jugador de campo no puede hacer un pase tomando la pelota con la mano).

Para Suits, los jugadores enfrentan voluntariamente obstáculos añadidos, para poner a prueba sus habilidades. Esta aceptación voluntaria de obstáculos es llamada «actitud lúdica» (Suits, 1978). Cualquiera puede tomar el balón, correr hasta el marco y arrojarlo adentro. Pero otra cosa es saber patearlo para que supere la barrera y logre la curva precisa para superar el estirón del portero. La clave del juego no es el logro del objetivo, sino el proceso de superación de obstáculos, donde poner a prueba las habilidades para superar las limitaciones es el motivo central.

En los equipos que saltan a una cancha anegada o juegan un partido bajo una ventolera que vuelve impredecible la trayectoria del balón, encontramos esa necesidad de ponerse a prueba, la búsqueda de lo inesperado y el «apetito de riesgo». También lo encontramos en quienes juegan contra un rival más hábil, para ubicar el reto algo por encima de sus capacidades y forzar su desarrollo.

Tanto la actividad lúdica más espontánea como el juego organizado tienen la capacidad de convocar a las personas y secuestrar toda su atención. En la década de 1970, el psicólogo Mihaly Csikszentmihalyi acuñó la noción de «flow» (en español: estado de flujo) para caracterizar a quien vive una inmersión completa y placentera en alguna actividad; se trata de un estado subjetivo, asociado con una tarea altamente gratificante, en el que la persona opera a toda capacidad, tan absorta en dicha actividad, que pierde la noción del tiempo, la fatiga o de sí misma (Csikszentmihalyi, 1990).

Cuando el desafío supera nuestras capacidades, somos presa de la ansiedad; si nuestros saberes andan muy por encima del desafío experimentamos el aburrimiento. Pero cuando el reto se compara —o es ligeramente superior- a nuestras capacidades, se abre la ventana al estado de flujo, donde se experimenta una concentración absoluta en la actividad, una fusión entre la conciencia y la acción e incluso una distorsión del sentido del tiempo (¡que pasa volando!).

Igual que con el juego, la vivencia del flow es autotélica (del griego *autos,* o de sí misma y *telos,* o resultado): la motivación para ejecutar la actividad no está dada por una recompensa material o simbólica, sino por el mero placer de realizarla.

Está bien documentado el impacto positivo del estado de flujo individual, en términos de motivación, creatividad y mejora en el desempeño. En el contexto de los juegos de equipo, surge el interés por los procesos de flujo grupal, que es más que una suma de estados de flujo individuales y su complejidad es aumentada por tres factores (Pels y otros, 2018): la *efervescencia colectiva* que emerge al ser parte de una red vincular de emociones positivas; el *contexto grupal*, que induce a las personas a actuar, pensar y sentir diferente cuando operan en grupo y la *sincronía de interacción*, dada la necesidad de consensuar metas y coordinar con otros.

La educación para la incertidumbre. Nuestra propuesta es ver al juego como el escenario en el que la lúdica es domesticada -es decir, sujeta a reglas-, y se convierte en un «espacio de prácticas» enfocado en educar para la incertidumbre. Si la educación tradicional nos ha preparado para "dar la respuesta" (como ocurre en los exámenes), el juego tiene el potencial de ser una educación para la incertidumbre y prepararnos para "dar respuesta".

En el juego, los compañeros y los rivales cambian la situación con cada acción. El salto entre escenarios de caos y orden demanda frecuentes ciclos de Observación, Orientación, Decisión y Acción (conocidos como ciclos OODA), con rápidas evaluaciones de la situación. Es el perfecto entrenamiento para lo inesperado.

«Divertirse»: una emoción emergente. En el juego, el constante afrontamiento de situaciones en las que somos sorprendidos, desorientados o limitados, es el factor que permite el desarrollo de la flexibilidad emocional. Más aún, el miedo, la emoción que dispara reacciones de «ataque o fuga» o paraliza en la vida cotidiana, el trabajo y las aulas, tiene un papel diferente en el juego: lo llamaremos miedo «sintético» (Margery, 2020), pues se da en un entorno controlado, en el que los jugadores están relativamente seguros de que su integridad no peligra.

El juego es emocionalmente complejo: excitante, aterrador a veces, gratificante y placentero. Al recuperar el control tras un desafío inesperado, la emoción se intensifica por la vertiginosa sucesión de situaciones de control y descontrol. Y esta combinación genera un estado emocional, específico del juego, llamado «divertirse» (Spinka et al, 2001). Por nuestra parte, postulamos el «divertirse» como una mezcla triádica de sorpresa, placer y miedo sintético.

Jugar para entender «qué está pasando». Frente a lo novedoso, inesperado o confuso, cada persona pone en marcha procesos de *sensemaking* o «dar sentido», que involucran saber leer señales, compartir sus impresiones y tratar de entender las de otras personas. Ya que conocemos el mundo al actuar, la acción es parte esencial del dar sentido. Al jugar, por ejemplo, ponemos a prueba nuestras hipótesis y podemos aprender de las situaciones (Cornelissen, 2012). En general, la educación para la incertidumbre y la efectividad en entornos turbulentos está asociada con nueve patrones de conducta (Hoff y Burke, 2017):

1 *Flexibilidad:* la capacidad de ajustarse al cambio.
2 *Velocidad:* captar ideas y aplicarlas con rapidez, descartando las malas y acelerando las buenas.
3 *Experimentación:* la apertura a probar cosas nuevas y estudiar su efectividad.
4 *Apetito de riesgo de desempeño:* una tendencia a buscar y asumir desafíos.

5   *Apetito de riesgo interpersonal:* facilidad para pedir ayuda y para gestionar el conflicto constructivo.
6   *Colaboración:* el deseo de complementar las habilidades de otros.
7   *Búsqueda de información:* la ambición de incrementar la propia experticia.
8   *Apertura a la retroalimentación*: facilidad para pedir retroalimentación (y emplearla constructivamente).
9   *Reflexividad:* la capacidad para pensar acerca de la propia efectividad.

Proponemos que la lúdica y el juego son procesos centrales en una pedagogía de estas capacidades: una «Educación para la Incertidumbre», que encuentra en los espacios de team building un espacio ideal para su desarrollo.

2.2. Un decálogo esencial.

Para que el *team building* tenga impacto, es crucial que las actividades estén bien diseñadas y alineadas con los objetivos de la empresa. Un *team building* efectivo está asociado con su *claridad de propósito* (las actividades deben estar alineadas con un objetivo claro, sea mejorar la comunicación, resolver conflictos, o desarrollar el liderazgo); *contexto y relevancia* (es clave que las actividades sean aplicables a la realidad del equipo y sus desafíos) y r*eflexión posterior* (se debe facilitar espacios de retroalimentación y reflexión, para que los aprendizajes se integren en la práctica diaria). A partir de lo anterior, presentaremos diez temas cruciales a tener en cuenta.

1. El poder de las narrativas compartidas: las mejores dinámicas de equipo no se basan solo en resolver problemas o alcanzar metas, sino en crear una narrativa común. Cuando un equipo tiene una historia compartida de éxitos, desafíos y logros, se genera una identidad grupal poderosa que motiva a los miembros a seguir colaborando.

Las historias crean un sentido de propósito compartido y refuerzan la identidad de equipo. Al compartir experiencias comunes, el equipo genera una narrativa que los conecta emocionalmente y refuerza la colaboración a largo plazo. Esto se alinea con teorías como la "social identity theory" (Tajfel, 1981) que explica cómo la identidad compartida en los grupos influye en la cohesión y motivación.

2. El team building empieza antes del evento: los eventos de team building exitosos no ocurren en el vacío. Preparar a los miembros del equipo psicológica y emocionalmente antes de la actividad es crucial: las dinámicas previas, que alinean expectativas y despiertan la curiosidad, pueden marcar la diferencia entre un evento superficial y uno transformador.

La preparación psicológica antes de un evento es clave para que los participantes estén abiertos a aprender y colaborar. Las técnicas de *priming* o preparación mental ayudan a establecer un contexto positivo. La investigación sugiere que preparar a las personas para la experiencia aumenta la receptividad y la efectividad del evento (Cialdini, 2016).

3. **Diversidad de roles y mentalidades.** Los equipos no se optimizan solo con habilidades complementarias; también se debe contar con diferentes enfoques mentales. Un equipo efectivo equilibra el pensamiento analítico, creativo y estratégico, permitiendo la innovación y resolución de problemas desde múltiples perspectivas. La *teoría de los cerebros complementarios* postula que los equipos necesitan tanto pensadores analíticos como creativos y estratégicos. Esto permite abordar problemas complejos desde múltiples ángulos. Así, Frans Johansson (2004) propone que la intersección de diferentes disciplinas y mentalidades impulsa la innovación.

4. **El valor del conflicto positivo.** El conflicto no es el enemigo de los equipos, sino su aliado si se gestiona correctamente (Lencioni, 2002). Enseñar a los equipos a manejar el desacuerdo constructivo fomenta la confianza y la innovación, la creatividad y mejora la toma de decisiones. La teoría del "conflicto funcional" sugiere que no todos los desacuerdos son negativos; los conflictos cognitivos que se centran en ideas y no en personas, donde el único ganador es el equipo- impulsan al equipo hacia mejores soluciones.

5. **Neurociencia y dinámica grupal**: comprender cómo los cerebros de los individuos interactúan en un entorno grupal puede potenciar el rendimiento. Desde la activación del sistema de recompensa social hasta la importancia de la oxitocina en la confianza, la neurociencia ofrece insights sobre cómo los equipos pueden fortalecer la confianza y la cooperación. Así, sabemos que la oxitocina, a menudo llamada la

"hormona de la confianza," se libera en interacciones positivas, facilitando la cohesión del equipo. Entender estos procesos ayuda a diseñar actividades que maximicen la conexión emocional y el rendimiento (Zak, 2017).

6. **Juego serio, impacto real**: el "serious play" o juego serio no solo rompe el hielo, sino que también simula dinámicas organizacionales reales de manera lúdica. Al permitir que los equipos experimenten, fallen y ajusten estrategias en un entorno controlado, seguro y lúdico, se fomentan comportamientos adaptativos y colaborativos (Schrage, 1999). El concepto está respaldado por la investigación sobre el aprendizaje experiencial, que sugiere que la acción práctica fomenta la retención y el desarrollo de nuevas habilidades.

7. **La magia del espacio intermedio**: los mejores aprendizajes y conexiones suelen ocurrir en los espacios "entre" actividades, como en los descansos o momentos informales. Un entorno que incentive la conversación natural y espontánea es esencial. Los momentos informales durante un evento de team building, como los descansos o las comidas, suelen ser los más valiosos para la creación de vínculos. En *The Strength of Weak Ties,* Mark Granovetter (1973) muestra cómo las conexiones informales e interacciones casuales son cruciales para el desarrollo de redes sociales fuertes.

8. **Team building continuo, no puntual**: el desarrollo del equipo no es un evento único, sino un proceso

continuo. Los líderes deben aprender a aplicar principios de team building en su día a día, reforzando constantemente la cohesión y la colaboración. El desarrollo organizacional demuestra que los eventos puntuales de team building tienen efectos limitados si no se integran en la cultura diaria del equipo (Schein, 2010). Los líderes deben reforzar los principios aprendidos en estos eventos de forma constante.

9. **La ciencia de los rituales de equipo**: los rituales son poderosos porque refuerzan la identidad del grupo y promueven la inclusión. Investigar cómo crear y mantener rituales que fortalezcan la unidad del equipo puede ser una estrategia clave en team building. Los rituales de equipo ayudan a fortalecer los vínculos emocionales, consolidan la identidad del grupo y refuerzan identidades colectivas. La investigación ha demostrado que los rituales, incluso los simples, pueden aumentar el sentido de pertenencia y la cohesión (Schechner, 1993).

10. **Impacto de la vulnerabilidad en el equipo**: mostrar vulnerabilidad, ya sea por parte de los líderes o de los miembros del equipo, crea un ambiente de confianza y apertura. Facilitar dinámicas que inviten a compartir momentos de vulnerabilidad puede transformar la dinámica del equipo y llevar a una mayor cohesión. Mostrar vulnerabilidad en un entorno seguro puede fortalecer la confianza y la colaboración. Según Brené Brown (2012), la vulnerabilidad es esencial para la construcción de confianza, ya que permite a los miembros del equipo conectar de manera auténtica y profunda.

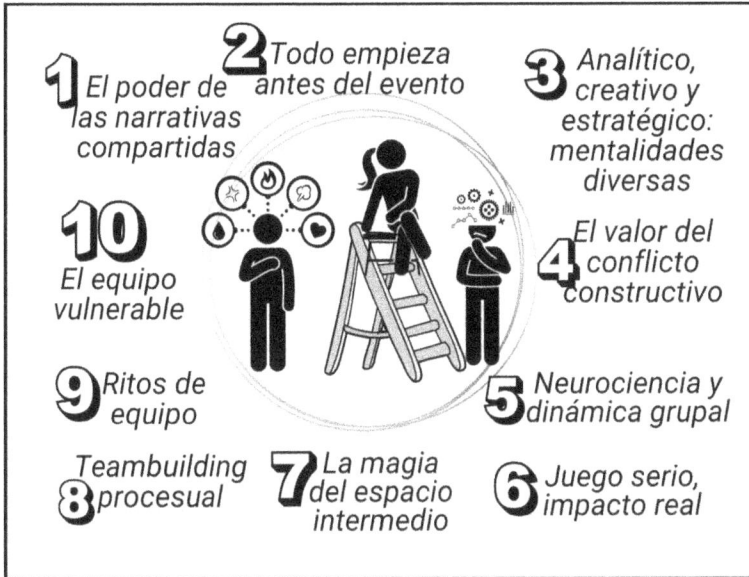

Figura 2. Un decálogo esencial.

2.3. El priming: una clave olvidada.

El *priming* es una técnica psicológica que influye en el comportamiento de las personas al activar ciertas ideas o emociones antes de un evento. En el *team-building*, el priming ayuda a crear una predisposición mental positiva que maximiza los resultados de la actividad. Revisemos cinco modalidades.

Visualización positiva del equipo. En este caso se busca crear una mentalidad positiva hacia el cquipo y fortalecer el sentido de unidad. Antes del evento, los participantes reciben una instrucción sencilla: "Cierra los ojos por unos minutos e imagina al equipo trabajando juntos de manera efectiva. Visualiza un proyecto donde el equipo logra resultados excepcionales debido a su colaboración, apoyo mutuo y creatividad. Concéntrate en los rostros de tus compañeros, imagina cómo se sienten al trabajar en conjunto, y visualiza el éxito colectivo. ¿Cómo te sientes en ese entorno?"

Efecto del priming: La investigación ha demostrado que la visualización positiva (Wiseman, 2003) mejora la disposición emocional y la confianza en las dinámicas grupales. Al activar imágenes mentales de éxito colaborativo, se estimula una mayor disposición a cooperar y a confiar en los demás.

Priming de confianza a través de historias. Antes de la actividad, se pide a los miembros del equipo que lean o escuchen una breve historia de éxito basada en la confianza mutua dentro de un equipo. La historia podría relatar cómo un grupo logró superar un desafío difícil gracias a la confianza y el apoyo entre sus integrantes. Tras leer la historia, los participantes reflexionan durante unos minutos sobre cómo la confianza puede impactar el éxito de su equipo.

Efecto del priming: leer o escuchar historias de éxito, que enfatizan la confianza, hace que los participantes activen, a nivel subconsciente, el valor de la confianza, preparándolos para tener más disposición a compartir, ser vulnerables y confiar en sus pares durante la actividad. Esta técnica está respaldada por la investigación en psicología narrativa, que sugiere que las historias tienen un poderoso efecto sobre las creencias y comportamientos futuros y nos preparan para enfrentar desafíos reales activando patrones cognitivos específicos (Cron, 2012).

Priming de gratitud. En esta modalidad, se va a crear un entorno mental de apertura y agradecimiento, preparando a los miembros para valorar más a sus pares. Unos días antes del team building, se les pide a los participantes que escriban una breve carta de agradecimiento a otro miembro del equipo. En ella, deben expresar gratitud por algún aspecto específico, como su ayuda en un proyecto o alguna cualidad positiva. El día del evento, los participantes intercambian las cartas de manera informal.

Efecto del priming: la gratitud activa una mentalidad positiva y reduce las barreras psicológicas entre los miembros del equipo. Este ejercicio crea un ambiente en el que los miembros ya han mostrado aprecio por sus compañeros, lo que facilita interacciones más abiertas y colaborativas durante el team building. La investigación sobre gratitud (Emmons, 2013), ha demostrado que el simple acto de expresar agradecimiento mejora el bienestar emocional y refuerza las relaciones sociales y la dinámica de equipo.

Priming de empatía mediante reflexión guiada. En este caso vamos a fomentar una mayor empatía entre los miembros del equipo. Unos minutos antes de comenzar la actividad, se invita a los participantes a reflexionar sobre los siguientes puntos: "Piensa en una ocasión en la que necesitaste la ayuda de alguien para completar un trabajo o enfrentar un desafío importante. ¿Cómo te sentiste en ese momento?

¿Qué hizo esa persona que te ayudó? Ahora, piensa en uno de tus compañeros y en una ocasión en la que podría haber necesitado tu ayuda. ¿Qué podrías haber hecho para apoyarle más?"

Efecto del priming: La empatía es un poderoso activador de comportamientos prosociales, que activa redes cerebrales que fomentan la cooperación y el trabajo en equipo (Riess, 2018). Este ejercicio prepara a los miembros del equipo para estar más receptivos a las necesidades de los demás y para mostrar comportamientos de apoyo durante la acción.

Priming de mentalidad de crecimiento. Antes de comenzar las actividades, se recuerda a los participantes la importancia de adoptar una *mentalidad de crecimiento* (apostar por la persistencia, ver en quienes nos superan a nuestros maestros y extraer aprendizaje del error). Luego se les invita a reflexionar sobre una situación en la que enfrentaron un desafío, lo superaron, y aprendieron algo nuevo en el proceso. Luego, se les motiva a abordar las actividades del día con una actitud de crecimiento, viendo los errores como oportunidades para aprender.

Efecto del priming: Las investigaciones de Carol Dweck (2006) sobre la mentalidad de crecimiento demuestran que las personas que adoptan esta mentalidad son más resilientes, abiertas a la retroalimentación y colaborativas. Este tipo de priming ayuda a los participantes a sentirse más cómodos con el error y la experimentación, promoviendo la cooperación en lugar de la competitividad.

| **CP4** | **Cápsula Pedagógica:** *El modelo de aprendizaje experiencial de Kolb* |

David Kolb, un psicólogo estadounidense, desarrolló un modelo que describe cómo las personas aprenden a través de la experiencia, en cuatro fases:

- **Experiencia concreta:** el punto de partida es vivir la experiencia (proyecto, taller o situación laboral).
- **Observación reflexiva:** tras la experiencia, se reflexiona sobre ella: ¿Qué sucedió?, ¿Cómo me sentí? Y ¿Qué aprendí?
- **Conceptualización abstracta:** A partir de la reflexión, se crean conceptos y teorías que explican lo ocurrido. Se busca el sentido y la comprensión.
- **Experimentación activa:** los nuevos conocimientos, se ponen a prueba en nuevas experiencias.

El modelo de Kolb fomenta:
- *La innovación:* al conectar teoría y práctica, estimula la curiosidad y la creatividad.
- *La retención:* al aprender haciendo, los saberes se fijan de manera más sólida en la memoria.
- *Las habilidades transferibles:* como la resolución de problemas, la colaboración y la adaptabilidad.
- *Las relaciones interpersonales:* las experiencias compartidas y la reflexión fomentan la confianza y la cohesión del equipo.
- *El engagement:* al sentirse parte activa del aprendizaje, las personas se sienten más motivadas y comprometidas.

Kolb en acción. El siguiente ejemplo ilustra un «team building en clave Kolb»:

Fase 1: Experiencia concreta
- *Actividad:* un taller de supervivencia en el bosque. Los participantes, divididos en equipos, deben resolver desafíos como construir un refugio, encender un fuego y encontrar comida.
- *Propósito:* crear una experiencia que requiera colaboración, confianza y resolución de problemas.

Fase 2: Observación reflexiva
- *Actividad:* una sesión en la que los equipos comparten experiencias, sentimientos y aprendizajes, con preguntas como: ¿Qué desafíos enfrentaron?, ¿Cómo se sintieron trabajando en equipo? y ¿Qué fortalezas y debilidades identificaron en su equipo?
- *Propósito:* reflexionar sobre la experiencia y conectar emociones, acciones y resultados.

Fase 3: Conceptualización abstracta
- *Actividad:* un taller de comunicación efectiva y resolución de conflictos.
- *Propósito:* vincular las experiencias concretas con conceptos teóricos y desarrollar un marco de referencia para futuras situaciones.

Fase 4: Experimentación activa
- *Actividad:* un proyecto de ventas en equipo, con un objetivo claro y un plazo definido. Los equipos aplican los aprendizajes adquiridos en el taller de comunicación y resolución de conflictos para alcanzar el objetivo común.
- *Propósito:* transferir los conocimientos teóricos a una situación real de trabajo y medir los resultados.

3

Actividades con propósito

«La mente es como un paracaídas: solo funciona si se abre» (Frank Zappa).

«No podemos ser valientes sin haber experimentado el miedo» **(***Brené Brown).*

«No es lo que miras lo que importa, es lo que ves» (Henry David Thoreau).

3.1. Una taxonomía de ejercicios.

El *team building* se compone de una amplia gama de ejercicios, cada uno diseñado para cumplir con diferentes objetivos dentro de los equipos de trabajo. Para que las actividades sean efectivas, es fundamental entender sus categorías y la mejor manera de aplicarlas según la coyuntura. A continuación, se presenta una taxonomía de ejercicios de *team building,* acompañada de ejemplos.

3.1.1. Ejercicios de Integración y Cohesión Social.

Este tipo de actividades es esencial para establecer una base sólida de cooperación y entendimiento mutuo. Su objetivo es fortalecer las relaciones interpersonales, generar confianza y fomentar el sentido de pertenencia entre los miembros del equipo.

TB3	La telaraña de conexiones

Descripción: el equipo se sienta en un círculo. Uno de los miembros sostiene una bola de hilo; este lanza la bola a otro compañero, mientras menciona una cualidad positiva o algo que agradece de esa persona. El compañero que recibe el hilo hace lo mismo, lanzando la bola a otro miembro y así sucesivamente, formando una "telaraña" de conexiones.
Duración: 15-30 minutos.
Materiales: bola de hilo o cuerda.
Objetivo del ejercicio: promover la apreciación mutua y visibilizar las conexiones entre los miembros del equipo, creando una red simbólica de apoyo y colaboración. Además, refuerza la comunicación y reduce tensiones interpersonales.

Este tipo de ejercicio está basado en los principios de dinámica de grupos de *Kurt Lewin* y los estudios de psicología organizacional que destacan la importancia de la cohesión grupal en el rendimiento del equipo .

3.1.2. Ejercicios de Comunicación. Estos ejercicios abordan la necesidad de una comunicación abierta y directa para optimizar la colaboración y la toma de decisiones.

TB4	Construcción ciega

Descripción: El equipo se divide en parejas. Un miembro de la pareja tiene los ojos vendados y el otro debe guiarlo verbalmente para construir una estructura sencilla utilizando bloques o piezas (tipo LEGO®). La persona con los ojos vendados no puede tocar las piezas hasta recibir instrucciones verbales claras. Al finalizar, se comparan las construcciones de los distintos equipos y se repite el ciclo, invirtiendo el guía y el constructor sus papeles.
Duración: 30 minutos.
Materiales: Piezas de construcción (bloques, cubos, etc.) y vendas para los ojos.
Objetivo del ejercicio: fomentar una comunicación clara y precisa, mejorando la capacidad de dar y recibir instrucciones, así como la confianza mutua entre los miembros del equipo. Además, el ejercicio permite a los miembros identificar patrones de comunicación efectiva y áreas donde podrían mejorar.

3.1.3. Ejercicios de Resolución de Problemas. Estos ejercicios ayudan a los equipos a identificar y optimizar sus procesos de toma de decisiones bajo presión. En sí, fomentan la colaboración y la creatividad en la resolución de problemas complejos.

TB5	El puente imposible

Descripción: se entrega al equipo materiales limitados (papel, cinta adhesiva, tijeras) y se les desafía a construir un puente que pueda sostener una pequeña carga (por ejemplo, una pelota). La dificultad radica en las restricciones de tiempo y recursos.

Duración: 45 minutos.

Materiales: Papel, cinta adhesiva, tijeras, pelotas pequeñas.

Objetivo del ejercicio: Desarrollar colaboración en situaciones de presión, mejorando la creatividad y la eficiencia en la asignación de recursos limitados. El ejercicio también fomenta la planificación estratégica y la colaboración activa entre los miembros del equipo.

La resolución de problemas en equipos ha sido estudiada por Alex Osborn y posteriormente refinada en el proceso de *design thinking*, que destaca la creatividad en la resolución de problemas como una habilidad clave para el trabajo en equipo .

3.1.4. Ejercicios de Liderazgo. Aquí tenemos ejercicios para que los miembros asuman roles de liderazgo y comprendan mejor la dinámica de liderar y ser liderados.

TB6	La torre de liderazgo

Descripción: el equipo debe construir una torre utilizando solo ciertos materiales (por ejemplo, palillos y malvaviscos) bajo la dirección de un líder designado. Cada 5 minutos, el líder cambia y otro miembro del equipo asume la responsabilidad. Al final, se discuten las diferentes formas de liderazgo y cómo afectaron la dinámica del grupo.

Duración: 40 minutos.

Materiales: palillos, malvaviscos o bloques de construcción.

Objetivo del ejercicio: explorar diferentes estilos de liderazgo y cómo estos influyen en la toma de decisiones y el rendimiento del equipo. Además, se busca que los miembros comprendan cómo se sienten tanto liderando como siendo liderados, fomentando la empatía y la flexibilidad.

Este ejercicio se basa en la teoría de liderazgo situacional de Hersey y Blanchard, quienes apuntan que no hay un estilo de liderazgo único, sino uno mediado por las necesidades del equipo y la tarea.

3.1.5. Ejercicios de Confianza. Tienen por objeto fortalecer la confianza entre los pares, generando un ambiente seguro, donde las personas se sientan cómodas expresando ideas, ofreciendo retroalimentación y confiando en los demás para completar tareas compartidas.

TB7	La caída de la confianza

Descripción: los participantes se turnan para caer hacia atrás (con los ojos vendados) desde una altura moderada, confiando en que el equipo los atrapará. Este ejercicio se debe hacer con precaución y solo si todos los miembros están cómodos con la actividad.

Duración: 30 minutos.

Materiales: espacio seguro para la caída (almohadas, colchonetas opcionales).

Objetivo del ejercicio: aumentar la confianza interpersonal y construir una base sólida de apoyo mutuo. También ayuda a lidiar con el control y la vulnerabilidad, fortaleciendo la cohesión grupal. El ejercicio de confianza se basa en los principios de la *teoría del contrato psicológico* en las organizaciones, que subraya cómo la confianza mutua es crucial para el éxito y la estabilidad a largo plazo del equipo.

3.1.6. Ejercicios de Diversidad e Inclusión. Al promover la comprensión y el respeto por las diferencias culturales, de género y personales en el equipo, estos ejercicios fomentan la inclusión y capitalizan la diversidad como una ventaja competitiva.

TB8	Historias compartidas

Descripción: Cada miembro del equipo comparte una historia personal sobre un desafío relacionado con su identidad (género, cultura, discapacidad, etc.) y cómo lo superó. Después, los compañeros ofrecen su reflexión sobre cómo pueden apoyar mejor la diversidad dentro del equipo.

Duración: 45-60 minutos.

Materiales: Ninguno, solo espacio para la discusión.

Objetivo del ejercicio: Crear conciencia sobre las diferentes experiencias de vida y fomentar la empatía entre los miembros del equipo. El ejercicio busca desarrollar una cultura inclusiva, en la que todos los miembros del equipo se sientan valorados y escuchados.

Esta actividad se alinea con las teorías de *inclusión laboral* y *diversidad organizacional*, como las propuestas por Robin Ely y David Thomas, para quienes los equipos diversos son más creativos e innovadores cuando se gestionan de manera inclusiva.

3.1.7. Ejercicios de Innovación y Creatividad. Estos ejercicios animan a pensar de manera no convencional, buscar soluciones originales a los problemas, aplicando el pensamiento creativo e innovación.

TB9	La Tormenta de Ideas Inversa

Descripción: El equipo, en lugar de buscar soluciones para un problema, genera ideas sobre cómo empeorar la situación. Luego, revisan estas ideas, identifican medidas preventivas, nuevas perspectivas, situaciones no exploradas, ¡y suelen dar con soluciones creativas!
Duración: 30 minutos.
Materiales: pizarra y marcadores.
Objetivo del ejercicio: estimular la creatividad del equipo al replantear la manera en que abordan los problemas. Ayuda a reencuadrar situaciones y desafiar creencias, alentando al equipo a pensar fuera de los marcos convencionales.

Este ejercicio está basado en las técnicas de la «Escuela de Milán», un movimiento de terapia sistémica originado en Italia. En la práctica, hemos encontrado que la «tormenta de ideas inversa» es muy potente y productiva para equipos que enfrentan grandes desafíos o parecen estar atascados en el «análisis parálisis».

3.2. Temas Avanzados en team building.

3.2.1. Rendimiento Basado en Roles Psicológicos.
En este apartado consideramos las dinámicas de roles psicológicos que emergen dentro de los equipos. Los equipos de alto rendimiento no dependen solo de las habilidades técnicas o de la experiencia. La forma en que los individuos interactúan, sus fortalezas personales y sus roles dentro del equipo son factores clave. Entender estos roles, muchos de los cuales están basados en preferencias conductuales, permite formar equipos más equilibrados y eficientes.

En lugar de centrarse únicamente en las tareas o habilidades técnicas, se debe explorar cómo los miembros del equipo asumen roles implícitos, como líderes, mediadores, o creativos, y cómo estos roles impactan en la colaboración y el desempeño general. Algunos de estos roles o papeles incluyen:

- *El Coordinador*: facilita la colaboración y delega tareas.
- *El Cerebro*: entrega ideas creativas e innovadoras.
- *El Implementado*r: toma decisiones prácticas y ejecuta acciones con eficiencia.

La premisa es identificar cuáles papeles faltan o están sobrerepresentados en un equipo, y estructurar actividades que pongan a prueba estas dinámicas. Estas actividades no buscan "etiquetar" a los partici-pantes, sino proporcionarles conciencia de sus prefe-rencias y habilidades, y cómo estas pueden adaptarse según el contexto y las necesidades del equipo. Estudiemos la aplicación práctica de esta propuesta:

1. *Evaluación previa de roles psicológicos:* antes del evento, se aplica herramientas de diagnóstico como el *Inventario de Roles de Belbin* o el *MBTI* (Indicador de Tipos de Myers-Briggs). Estas herramientas proporcionan un perfil sobre cómo los miembros del equipo prefieren trabajar, si son más analíticos, creativos, líderes naturales o facilitadores. Se comparte los resultados con los participantes para que tengan una visión inicial de sus roles naturales.

2. *Diseño del ejercicio de cambio de roles:* una vez identificados los papeles naturales, se diseña actividades donde los participantes deban asumir un rol opuesto o distinto al que les es más cómodo. Por ejemplo, a alguien con un perfil organizador se le asignará el papel de generar ideas creativas, y a alguien más introvertido se le podría pedir que asuma un rol de liderazgo.

3. *Retroalimentación activa:* durante y después de las actividades, se debe fomentar la reflexión sobre cómo se sintieron en los nuevos roles, qué aprendieron sobre sus propias capacidades y cómo pueden aplicar esas habilidades de manera más efectiva dentro del equipo en el día a día.

3.2.2. Integración del Pensamiento Sistémico. Las organizaciones modernas son sistemas complejos donde cada equipo depende de otros. Muchas veces, los equipos fallan no por falta de habilidades técnicas, sino porque no entienden cómo su trabajo se conecta con el de otros equipos o departamentos. Los equipos rara vez operan de forma aislada. Las actividades de *team building* avanzadas deben tener en cuenta la complejidad organizacional, es decir, cómo las acciones de un equipo afectan a otros departamentos o áreas y cómo se insertan en el sistema global de la organización.

El pensamiento sistémico implica reconocer que los equipos son subsistemas dentro de una organización más amplia, y que el éxito de un equipo depende en gran parte de su capacidad para interactuar eficazmente con otros equipos y áreas funcionales. El diseño de actividades de *team building* basadas en el pensamiento sistémico implica crear ejercicios que simulen este entorno complejo. El manejo efectivo de estas actividades se centra en desatar un alto nivel de complejidad controlada, asegurándose de que los equipos reconozcan las interdependencias entre sus acciones y las del sistema organizacional más amplio, y de ofrecer puntos clave de aprendizaje sobre la cooperación interdepartamental.

En este tipo de ejercicios, la complejidad genera a menudo frustración o falta de control, por lo que es importante guiar a los equipos para que reconozcan cómo sus acciones afectan a otras áreas. Las sesiones de *debriefing* deben centrarse en destacar la interdependencia y cómo los equipos pueden coordinar mejor sus esfuerzos en situaciones reales. Estudiemos la aplicación práctica de esta propuesta:

1. *Simulaciones de sistemas organizacionales:* cree una actividad que simule un ecosistema organizacional. Por ejemplo, divida a los equipos en departamentos ficticios (finanzas, marketing, producción) dentro de una "empresa". Cada equipo tiene información y recursos limitados, y una misión crítica que no pueden completar sin interactuar con los demás.

2. *Crisis organizacional interdependiente*: introduzca una crisis, como un problema de producción o la pérdida de un cliente importante. Cada equipo debe tomar decisiones para mitigar la crisis desde su perspectiva, pero sus decisiones afectan al resto. La clave está en hacer que los equipos se den cuenta de que no pueden trabajar aislados y necesitan la colaboración efectiva con los otros departamentos.

3. *Retroalimentación estructural:* durante la sesión de retroalimentación, se enfoca la discusión en cómo las decisiones de un equipo afectaron a los demás, resaltando la interdependencia. Pregunte: ¿Cómo podemos colaborar más eficazmente? Y ¿Qué pasos podríamos tomar para asegurarnos de que las decisiones en un área no perjudiquen a otros?

3.2.3. Inteligencia emocional y resiliencia.

En equipos de alto rendimiento, la gestión de las emociones y la construcción de la resiliencia son factores críticos que pueden potenciar o destruir la eficacia del equipo. Diseñar actividades avanzadas de *team building* implica enfocarse no solo en los logros del equipo, sino en cómo manejan el estrés, los conflictos emocionales y los fracasos.

Las actividades deben diseñarse para exponer a los equipos a situaciones que generen tensión emocional y que demanden habilidades de regulación emocional.

El manejo de estas actividades incluye una supervisión cuidadosa para asegurar que las emociones no desborden el contexto de aprendizaje. Además, es importante incorporar sesiones de reflexión o *debriefing* que permitan a los participantes reconocer los puntos de quiebre emocional y desarrollar estrategias de autocuidado y apoyo mutuo. Debe haber una sesión post-ejercicio donde se proporcionen herramientas y estrategias para gestionar el estrés, como técnicas de *mindfulness*, diálogo abierto y retroalimentación positiva. Este enfoque ayuda a desarrollar la resiliencia colectiva y a fomentar un entorno de trabajo saludable y emocionalmente inteligente.

El diseño de actividades que promuevan la inteligencia emocional y la resiliencia se basa en la creación de situaciones desafiantes que ponen a prueba no solo las habilidades técnicas de los participantes, sino su capacidad para gestionar emociones bajo estrés y apoyar a sus compañeros en momentos críticos. La gestión de estas actividades implica establecer escenarios donde los fracasos o las dificultades sean inevitables, pero también se asegure un entorno de apoyo y aprendizaje. Los facilitadores deben estar preparados para intervenir y guiar a los equipos en la expresión emocional y la retroalimentación constructiva. Estudiemos la aplicación práctica de esta propuesta:

1. *Desafíos emocionales controlados:* Diseñe actividades que estresen al equipo (por ejemplo, ponerles plazos muy ajustados o una cantidad limitada de recursos), de forma que aflore la tensión emocional. Lo importante no es generar frustración sin propósito, sino permitir que las emociones emergen en un entorno seguro y controlado.
2. *Introducción de elementos de mindfulness: tras* la actividad, se introduce técnicas de *mindfulness* para enseñar a los participantes cómo gestionar el estrés y regular sus emociones. También se incorporan ejercicios de respiración, visualización o reflexión grupal sobre las emociones experimentadas durante el ejercicio.
3. *Retroalimentación emocional:* Después de cada actividad, se organiza sesiones de retroalimentación en las que los participantes comparten cómo se sintieron emocionalmente durante el proceso, cómo manejaron el estrés y qué aprendieron sobre sus propios patrones emocionales. El objetivo es desarrollar una mayor conciencia emocional y estrategias para manejar el estrés en equipo.

En el siguiente apartado vamos a explorar estos «juegos de resiliencia» con mayor detalle.

3.3. Juegos de Resiliencia.

En este tipo de ejercicio, los equipos son expuestos a múltiples rondas de desafíos, algunos de los cuales están diseñados para resultar en fallos inevitables. El enfoque está en la recuperación y en cómo se recibe y aplica el feedback constructivo para mejorar en las siguientes rondas. Típicamente:

1. *Preparación:* se diseña una serie de desafíos que sean extremadamente difíciles o prácticamente imposibles de completar en la primera ronda (por ejemplo, un problema matemático complejo con recursos insuficientes o una tarea de construcción con tiempo extremadamente limitado).
2. *Inicio del desafío:* se divide a los participantes en equipos y se les da un desafío inicial con un tiempo limitado para resolverlo. Aunque la mayoría de los equipos fallará, se mantiene la actividad dentro de un marco de aprendizaje y apoyo.
3. *Feedback y resiliencia:* tras el primer intento, se organiza una sesión de retroalimentación, donde cada equipo reflexiona sobre lo que salió mal y cómo podrían mejorar. Se introduce técnicas de resiliencia y *mindfulness* para ayudar a gestionar la frustración y aprender de la experiencia.
4. *Segunda ronda de desafíos:* se permite que los equipos intenten de nuevo el desafío o uno similar, aplicando las lecciones aprendidas del feedback. Se observa si mejoran su desempeño y cómo integran el feedback constructivo.Tras cada ronda, los equipos deben realizar una sesión de retroalimentación interna donde los miembros

comparten feedback constructivo sobre el desempeño del equipo y sugieren mejoras. A medida que avanzan, los desafíos se vuelven manejables, pero requieren aplicar las lecciones aprendidas a partir del feedback recibido.

Al centrarse en el manejo del fracaso y la aplicación del feedback para mejorar, este tipo de ejercicio mejora la capacidad del equipo de recuperarse rápidamente de adversidades y refuerza una cultura de crecimiento continuo. Algunas consideraciones con este tipo de ejercicios incluyen:

1. *Ambiente de aprendizaje seguro:* los participantes deben sentirse seguros para cometer errores; el fracaso es una parte natural del aprendizaje.
2. *Retroalimentación continua: hay* oportunidades regulares para la retroalimentación y reflexión, individual como grupal. El *debriefing* post-actividad es esencial para consolidar los aprendizajes.
3. *Facilitación activa:* cada facilitador juega un papel clave, observando las dinámicas del equipo, interviniendo cuando sea necesario y proporcionando comentarios que fomenten la autorreflexión y el desarrollo personal.

De seguido se presentan ejemplos de ejercicios diseñados para que los equipos fallen en la primera ronda. Esto les da una oportunidad para experimentar la frustración del fracaso, pero más importante aún, aprender a través del feedback, desarrollando resiliencia y habilidades de mejora continua.

TB10	La torre inestable

El objetivo es construir la torre más alta posible con materiales limitados y en condiciones restrictivas.

1. *Preparación:* se entrega a cada equipo materiales como pajillas, clips, cinta adhesiva y hojas de papel. Se reduce significativamente el tiempo disponible para construir la torre (10 minutos).
2. *Restricciones:* se añade reglas que limitan el proceso creativo: cada miembro del equipo solo puede usar una mano durante la construcción y solo se pueden comunicar usando gestos. Asimismo, el facilitador pasa con un atomizador rociando agua sobre la estructura a media prueba.
3. *Primera ronda:* Es muy probable que la torre colapse o que no logren construir una estructura suficientemente alta o estable en los 10 minutos, dadas las restricciones y la presión de tiempo.
4. *Feedback: d*espués del primer intento, se realiza una sesión de retroalimentación en la que los equipos discuten: ¿Qué fue lo más difícil?, ¿Qué decisiones rápidas tomaron y cómo afectaron el resultado? Y ¿Cómo manejaron la frustración y el tiempo limitado?
5. *Segunda ronda:* se aumenta el tiempo de construcción a 15-20 minutos y se permite que se comuniquen verbalmente y usen ambas manos. El objetivo es aprender de la experiencia, aplicar el *feedback* para mejorar la estructura y mejorar la planificación, la coordinación y la adaptabilidad ante restricciones inesperadas.

TB11	El reto del rompecabezas

El desafío consiste en resolver colaborativamente un rompecabezas complicado, dentro de un plazo extremadamente limitado.

1. *Preparación:* prepare un rompecabezas grande y complicado (50-100 piezas), pero entregue solo una fracción de las piezas en la primera ronda. El tiempo para completar la tarea es de 5 minutos.
2. *Restricciones:* aparte de no tener todas las piezas, las reglas complican la dinámica del equipo: solo una persona -designada por el líder- puede tocar las piezas del rompecabezas, y se cambia de líder cada minuto.
3. *Primera ronda:* debido a la falta de piezas y las constantes interrupciones en el liderazgo, es casi seguro que no logren completar el rompecabezas.
4. *Feedback:* después del primer intento, enfoque la discusión en: ¿Cómo afectó el cambio constante de liderazgo?, ¿Cómo manejaron la falta de piezas? Y ¿Qué podrían haber hecho de manera diferente para optimizar su tiempo y recursos limitados?
5. *Segunda ronda:* en esta ronda, se proporciona todas las piezas del rompecabezas y se elimina las restricciones.

El resultado esperado es que los equipos mejorarán considerablemente en la segunda ronda, ya que ahora tienen todas las piezas y mayor claridad sobre la importancia de un liderazgo eficiente y una estrategia coordinada.

TB12 | El presupuesto reducido

El reto consiste en crear una campaña publicitaria con un presupuesto muy limitado.

1. *Preparación:* asigne a cada equipo un reto creativo (diseñar una campaña publicitaria para un producto). Entregue un mínimo de materiales de papelería y fije un plazo de 10 minutos para la tarea.
2. *Restricciones:* los recursos recibidos no permiten crear algo visualmente impactante, lo que frustra e impide que realicen una propuesta completa.
3. *Primera ronda:* los equipos presentan ideas parciales o visualmente pobres. El resultado final será limitado y no estará a la altura de las expectativas.
4. *Feedback:* después del primer intento, en la sesión de retroalimentación, los equipos comparten: ¿Cómo enfrentaron la escasez de recursos?, ¿Qué decidieron priorizar de la propuesta? Y ¿Cómo gestionaron el tiempo y la frustración?
5. *Segunda ronda:* se proporciona más recursos (papel, marcadores, tiempo adicional) y los equipos aplican el feedback recibido.

El resultado esperado: los equipos utilizarán mejor los recursos y el tiempo, aprendiendo a priorizar elementos clave y manejar el estrés generado por la escasez.

Una variación muy potente que hemos incorporado en la segunda ronda, es alentar a los equipos a emplear inteligencia artificial generativa (ChatGPT®, o Gemini®, por ejemplo) para refinar y mejorar sus propuestas.

TB13	El lazarillo

En este ejercicio se debe guiar a un compañero «no vidente» a través de un circuito de obstáculos utilizando solo indicaciones verbales.

1. *Preparación:* se arma un circuito de obstáculos sencillo, como sillas, conos y cuerdas, en una sala grande. Luego, se venda los ojos de un miembro de cada equipo y los demás lo guían verbalmente para completar el circuito. Para agregar presión, se establece un límite de tiempo muy ajustado.
2. *Restricciones:* se limita la comunicación, solo una persona del equipo puede dar instrucciones a la vez; el líder del equipo cambia cada minuto y la persona vendada no puede hablar en absoluto.
3. *Primera ronda:* es probable que el equipo no complete el circuito en el tiempo asignado debido a las complicaciones en la comunicación.
4. *Feedback:* al finalizar la primera ronda, se realiza una sesión de retroalimentación en la que los equipos reflexionan sobre: ¿Cómo afectó el cambio constante de liderazgo?, ¿Cómo podrían haber mejorado la claridad de las instrucciones? Y ¿Qué aprendieron sobre su capacidad de comunicarse de manera efectiva bajo presión?
5. *Segunda ronda:* en la segunda ronda, se levanta algunas restricciones (se da más tiempo; el líder permanece fijo o el miembro vendado puede hacer preguntas). El resultado esperado es que los equipos mejorarán significativamente su capacidad de comunicación, aprendiendo a dar instrucciones más claras y concisas bajo presión.

TB14	La información fragmentada

Este ejercicio propone resolver un problema complejo (por ejemplo, un enigma o caso de negocio) con información incompleta y mal distribuida.

1. *Preparación:* plantee un problema o enigma que requiera colaboración intensa entre los miembros del equipo para resolverlo. Entregue la información clave a diferentes personas del equipo de manera fragmentada (que nadie tenga todo el contexto).
2. *Restricciones:* solo una persona puede hablar a la vez y solo puede hacerlo una vez cada 2 minutos.
3. *Primera ronda:* debido a la fragmentación de la información y las restricciones comunicativas, es probable que los equipos no puedan resolver el problema en el tiempo asignado (10-15 minutos).
4. *Feedback:* los equipos estudian ¿Qué información era clave y cómo podrían haberla compartido de manera efectiva?, ¿Cuáles restricciones absurdas - como éstas- encontramos a diario? Y ¿Cómo mejorar la escucha activa y síntesis de información?
5. *Segunda ronda:* en esta instancia se elimina algunas restricciones, a criterio del facilitador.

Con este ejercicio, los equipos mejorarán su habilidad para compartir información clave, escuchar activamente y sintetizar información fragmentada.

En el diseño de este tipo de ejercicios (problemas complejos o cuartos de escape), los facilitadores encontrarán un recurso muy valioso en la inteligencia artificial generativa (ChatGPT®, por ejemplo).

CP5 TB15	Cápsula Pedagógica: *"Reto marsmelo"* (http://MarshmallowChallenge.com)

El "Marshmallow Challenge" (reto marsmelo o "malvavisco") es un ejercicio desarrollado por Tom Wujec (2010), que se utiliza para explorar la dinámica de equipos y fomentar la creatividad y colaboración en proyectos. El desafío consiste en que equipos de 4 a 5 personas construyan *la estructura más alta posible* usando solo 20 palillos de espaguetti, un metro de cinta adhesiva, un metro de cuerda y un malvavisco. El objetivo es que el malvavisco esté lo más alto posible sobre la estructura al finalizar el tiempo.

Los equipos tienen 18 minutos para completar la tarea. El ejercicio destaca por su *simplicidad y bajo costo* (los materiales son económicos y fáciles de conseguir y la actividad toma menos de una hora), su *amplia aplicabilidad* (admite equipos de cualquier tipo) y su *aprendizaje experiencial,* enfocado en colaboración, comunicación y gestión de proyectos. Entre las competencias que desarrolla se tiene:

- *Colaboración:* los pares comparten ideas y coordinan sus esfuerzos para lograr un objetivo común.
- *Prototipado:* los equipos iteran rápidamente, probando y buscando el mejor enfoque.
- *Creatividad y resolución de problemas:* se desafía a los equipos a pensar de manera creativa para superar las limitantes de tiempo y materiales.
- *Comunicación:* la coordinación ágil en un ambiente de alta presión mejora la comunicación efectiva.

El "Marshmallow Challenge" tiene un gran potencial como actividad de team building empresarial, pues simula situaciones de proyectos reales, donde la planificación, la ejecución y la adaptabilidad son cruciales. Wujec destaca que los e*quipos de bajo rendimiento* suelen caer en la trampa de planificar en exceso, sin dejar tiempo suficiente para probar y ajustar sus diseños, y que los equipos que incluyen facilitadores logran mejores resultados, subrayando la importancia de habilidades de facilitación y coordinación en proyectos complejos.

La implementación del ejercicio tiene un protocolo:

1. Preparación Previa.
* *Reclutamiento de participantes:* Formar equipos de 4-5 personas. Es ideal tener una mezcla diversa de habilidades y experiencias.
* *Materiales necesarios:* 20 palillos de espagueti secos, un metro de cinta adhesiva, un metro de cuerda y un malvavisco estándar, por equipo.
* *Distribución del espacio:* que cada equipo tenga una mesa o un área de trabajo separada, con espacio suficiente para moverse y colaborar.

2. Instrucciones Iniciales:
* Explicar claramente las reglas de juego: "El objetivo es construir la estructura más alta posible, usando solo los materiales proporcionados"; "El malvavisco debe estar en la cima de la estructura" y "El tiempo límite es de 18 minutos".
* Se responde a cualquier duda adicional.

3. Desarrollo del Desafío:
* Inicia el cronómetro y los equipos saltan a la tarea.

- *Observación Activa.* El *facilitador* observa las dinámicas del equipo: cómo se comunican, quién asume roles de liderazgo, cómo gestionan el tiempo y cómo responden a los desafíos. Evita intervenir o corregir, a menos que sea para aclarar malentendidos sobre las reglas.

4. Evaluación y Reflexión.

- Al finalizar el tiempo, se mide la altura de cada estructura para determinar el equipo ganador.
- Se facilita una discusión grupal para reflexionar sobre la experiencia: ¿Qué estrategias funcionaron y cuáles no?; ¿Cómo manejaron el estrés del tiempo límite? Y ¿Qué habilidades de comunicación y colaboración fueron cruciales?

Algunos temas clave para considerar son:

Prototipado iterativo: se apoya que los equipos adopten un enfoque de prueba y error, creando prototipos rápidos para ver qué funciona antes de comprometerse con un diseño final. Esto resalta la importancia de iterar rápidamente y aprender de los errores, tema fundamental en metodologías ágiles.

Impacto del liderazgo y facilitación: se analiza cómo diferentes estilos de liderazgo (participativo, autoritario y pasivo) influyen en la dinámica y efectividad del equipo.

Papel de la experimentación y flexibilidad: equipos que son capaces de adaptarse y cambiar de estrategia rápidamente ante fallos tienden a tener más éxito. Este aspecto es vital para proyectos en entornos empresariales volátiles.

Incentivos y presión: se considera realizar variaciones con incentivos (como premios simbólicos o recompensas) para estudiar cómo la presión adicional afecta el rendimiento. Según Wujec, introducir incentivos financieros, sin habilidades adicionales, a menudo lleva a peores resultados.

Para el facilitador, se tiene cuatro puntos clave:
1. *Establecer un ambiente seguro y de aprendizaje:* asegúrese de que los participantes se sientan cómodos para experimentar y cometer errores. El objetivo es aprender, no simplemente ganar.
2. *Moderación y Facilitación:* durante la discusión posterior, guíe a los participantes para que reflexionen sobre sus experiencias y extraigan lecciones aplicables a su entorno laboral.
3. *Adaptar el desafío al contexto del grupo:* al trabajar con equipos técnicos, se considera añadir restricciones adicionales (por ejemplo, solo usar una mano) para desafiar aún más sus habilidades de diseño y construcción. Para equipos no técnicos, se enfatiza la importancia de la comunicación y la coordinación.
4. *Evaluar y aplicar lecciones aprendidas:* es relacionar los aprendizajes del desafío con situaciones reales en el trabajo, como la gestión de proyectos, la innovación y la toma de decisiones bajo presión.

CP6	Cápsula Pedagógica: El «Cuarto de Escape»

Un *escape room* es una actividad diseñada para fomentar la colaboración y el trabajo en equipo en un entorno controlado. Se trata de un juego interactivo en el que los participantes, generalmente divididos en grupos, se "encierran" en una sala temática y deben resolver una serie de acertijos y desafíos dentro de un tiempo limitado (entre 45 minutos y 1 hora) para "escapar" de la sala o alcanzar un objetivo.

En acción, tanto presencial como virtual (hay escape rooms de los dos tipos e, inclusive, hemos practicado con uno híbrido), los equipos ponen en juego:

- *Cooperación:* los desafíos demandan que los jugadores trabajen juntos, compartan información y utilicen las fortalezas individuales.
- *Comunicación:* muchos acertijos requieren que los equipos se comuniquen de manera clara y eficiente, asignando responsabilidades de manera efectiva.
- *Diversidad de habilidades:* los acertijos varían en tipo (lógicos, físicos, creativos) y demandan diferentes habilidades y fortalezas de cada miembro.
- *Liderazgo:* los equipos deben decidir cómo organizarse y quién asumirá el liderazgo en cada momento. La capacidad de delegar tareas se vuelve crucial para avanzar rápidamente en el juego.
- *Manejo del tiempo y estrés:* la presión del cronómetro simula situaciones de alta tensión que obligan a tomar decisiones rápidas y efectivas.

Un ejemplo: "Rescate en la Estación Espacial".
Contexto: un grupo de astronautas (el equipo) está en una estación espacial en órbita. Se activa una alerta: un fallo en los sistemas de soporte vital pone en peligro toda la estación. El equipo tiene 60 minutos para restablecer el sistema o la misión fallará.
Desafíos para los jugadores:

1. *Pérdida de energía:* deben encontrar y resolver acertijos electrónicos, conectando cables y activando interruptores en el orden correcto para restablecer la energía.
2. *Fuga de oxígeno:* hay que desbloquear una caja con herramientas para reparar la fuga de oxígeno. Las pistas están ocultas en notas científicas dispersas en la sala.
3. *Hackeo del sistema: varios miembros deben cooperar para d*esbloquear un sistema de computadoras, dando con un código cifrado oculto en las computadoras.

Frente a estos desafíos se pone en marcha la *división de tareas* (los jugadores se ocupan de resolver varios problemas a la vez), *la comunicación* (mientras algunos reparan la fuga, otros deben proporcionar las instrucciones desde las computadoras, lo que obliga a una comunicación precisa) y el *pensamiento crítico bajo presión* (los equipos deben procesar información y tomar decisiones rápidas para salvar la misión).

Origen e Historia. El concepto del *Escape Room* tiene raíces en diversos tipos de entretenimiento que se fusionaron para crear la experiencia moderna. El género tiene una fuerte influencia de los videojuegos que comenzaron a popularizarse en la década de los

2000, donde los jugadores debían encontrar pistas y resolver acertijos para escapar de habitaciones virtuales. El primer *Escape Room* en el mundo se acredita a *Takao Kato*, un diseñador japonés que, en 2007, creó un evento de juego en vivo llamado *Real Escape Game* en Kyoto, Japón. En 2011, *Parapark* en Budapest, Hungría, abrió uno de los primeros *Escape Rooms* de Europa, creado por el psicólogo Attila Gyurkovics. Desde entonces, el fenómeno ha crecido exponencialmente, con miles de salas de escape en todo el mundo.

A medida que el formato de los *Escape Rooms* se volvió más popular, muchas empresas comenzaron a ver su valor como una herramienta de team building. Esto dio lugar a la creación de salas de escape especializadas. Entre las ventajas documentadas se tiene que, al completar juntos una tarea desafiante, los jugadores experimentan una sensación de logro compartido; enfrentarse a acertijos juntos fomenta una comunicación abierta y clara entre los miembros del equipo; los desafíos fuera de lo común permiten que los participantes piensen de manera lateral, lo que puede trasladarse al entorno de trabajo y al tomar decisiones bajo presión, las personas pueden identificar y mejorar sus habilidades de liderazgo.

Desde sus humildes inicios como juegos de computadora a experiencias en vivo que son valoradas por empresas en todo el mundo por su capacidad para mezclar diversión, desafío mental y colaboración, los *Escape Rooms de team building* se han convertido en una herramienta valiosa para el desarrollo organizacional.

TB16	*Escape room*: Misión Salvación

Contexto. Una multinacional líder enfrenta una crisis sin precedentes. Entre problemas financieros y tensiones internas, la empresa está al borde del colapso. Los jugadores asumen el papel del "equipo de crisis" convocado de emergencia por el CEO, quien ha desaparecido. Tienen 60 minutos para resolver los problemas críticos y restaurar el orden. Si fallan, la compañía se declarará en quiebra.

Ambiente y decoración:
- *Oficina de crisis:* un espacio con escritorios, computadoras portátiles, teléfonos y una pantalla de proyección. Las paredes están llenas de gráficos y tablas que indican una caída drástica en las acciones. Una pizarra blanca tiene anotaciones caóticas como "¿Dónde está el presupuesto?" y "¿Negociación pendiente?".
- *Sala de Juntas:* un espacio que se accede durante el juego. Aquí se realizarán reuniones críticas, como la negociación con el proveedor.
- *Zona de seguridad:* un área cerrada que contiene información secreta de la empresa. Los jugadores deberán descifrar códigos y desbloquear accesos.

Elementos interactivos:
- *Computadoras con contraseñas:* simulaciones de correos, encuestas e informes financieros.
- *Teléfonos corporativos:* para recibir llamadas pregrabadas o mensajes de texto del CEO desaparecido o personajes clave.
- *Caja fuerte cerrada:* contiene documentos clasificados. Para abrirla, se requerirá resolver varios acertijos en cadena.

- *Cápsulas VR o videos interactivos:* proyecciones o presentaciones inmersivas sobre competidores o situación de mercado.

Desafíos y Acertijos:

1. **El Presupuesto Fantasma.**

Historia. El presupuesto anual de la empresa ha desaparecido, y se ha descubierto una transferencia sospechosa a una cuenta offshore. Los directores financieros están desaparecidos.

- **Pistas**: un archivo en la computadora del CFO con un cifrado tipo César o una clave oculta en un gráfico de barras, documentos financieros mal organizados, y correos internos que sugieren posibles malas prácticas.
- **Solución**: descifrar el archivo, corregir los errores financieros, y rastrear el movimiento del dinero para recuperar el presupuesto.
- **Elemento interactivo adicional**: desbloquear una caja fuerte que contiene la clave del cifrado utilizando códigos encontrados en objetos físicos (p. ej., calculadora en el escritorio).

2. **La Fuga de Talento Masiva.**

Historia. un gran número de empleados valiosos ha renunciado recientemente. Las encuestas de clima laboral apuntan a una serie de problemas internos, pero se necesita encontrar el motivo exacto para detener el éxodo.

- **Pistas**: encuestas de clima laboral con respuestas encriptadas, fragmentos de conversaciones en correos, y perfiles de empleados que dejaron la empresa con pistas escondidas en sus publicaciones.

- **Solución**: los jugadores deben analizar las encuestas y correos, comparar patrones de insatisfacción y crear un plan de retención de talento basado en la identificación de los puntos clave de fuga.

3. La Negociación Crítica.

Historia. La empresa está en plena renegociación de contrato con uno de sus principales proveedores, y las condiciones actuales amenazan con llevar a la empresa a la bancarrota. Los jugadores deben encontrar una solución favorable.

- **Pistas**: contratos con cláusulas ambiguas, estadísticas del mercado sobre la fluctuación de precios, y una presentación detallada de un competidor que podría reemplazar al proveedor.
- **Solución**: los jugadores deberán utilizar las tácticas de negociación (BATNA y ZOPA), analizar el mercado, y presentar una contraoferta que sea aceptable para el proveedor.
- **Elemento interactivo añadido**: un "proveedor" simulado con el que se puede negociar a través de un software de chat. Los jugadores deberán elegir sabiamente sus respuestas en tiempo real.

4. El CEO Desaparecido.

Historia. En medio de la crisis, el CEO ha desaparecido. La última comunicación sugiere que tenía información clave sobre una conspiración interna. Sin el CEO, la empresa no puede seguir adelante.

- **Pistas**: una serie de correos codificados entre el CEO y la junta directiva, una grabación de una videollamada interrumpida y un mensaje encriptado en su computadora personal.

- **Solución**: descifrar el mensaje utilizando un sistema binario o hexadecimal que se desbloquea encontrando pistas físicas (como una llave USB en su oficina). Esto revelará dónde se encuentra el CEO o cómo recuperar su acceso.
- **Elemento interactivo añadido**: la búsqueda de un pase de seguridad para acceder a la oficina del CEO, que está bloqueada al inicio.

Elementos extra para aumentar la inmersión:
1. *Cronómetro estilo cuenta regresiva* en la pantalla grande con notificaciones visuales cuando los jugadores solucionan una crisis o fallan en una tarea, afectando la percepción del progreso.
2. *Audio interactivo:* Incluir llamadas de emergencia simuladas de accionistas y empleados que suenan en los teléfonos cada vez que un desafío está por resolverse o cuando el tiempo se acorta, creando urgencia.
3. *Personajes no jugadores virtuales (IA):* un asistente virtual que simula ser la secretaria del CEO o un abogado de la empresa, proporcionando información clave a los jugadores si hacen las preguntas correctas.

Consejos para la implementación:
1. *Uso de Tecnología Mínima:* aunque se incorporan elementos digitales, las soluciones tecnológicas simples, como videos pregrabados, teléfonos simulados y software online accesible, permiten una implementación asequible y fácil de montar.
2. *Ritmo Narrativo Dinámico:* diseñe el juego en "capas", donde cada vez que se resuelve un

acertijo, se desbloquea una nueva parte de la trama o una nueva crisis aumenta la presión sobre los jugadores. Esto mantiene el ritmo y hace que el equipo sienta que cada acción está contribuyendo de forma directa al éxito o al fracaso de misión.

3. *Acciones en cadena:* asegúrese de que ciertos desafíos requieran la colaboración simultánea de los jugadores. Por ejemplo, uno puede estar descifrando un código mientras otro habla con el asistente virtual o negocia con el proveedor, obligando a la comunicación entre los participantes.

4. *Feedback en tiempo real:* incluya retroalimentación inmediata a través del asistente virtual o el cronómetro cuando los jugadores completen o fallen una tarea. Esto aumenta el sentido de logro o presión, dependiendo de los resultados.

Tenemos nuevos desafíos (opcionales):
5. **El Escándalo Mediático.**
Historia: mientras intentan resolver las crisis internas, los jugadores descubren que un artículo amarillista está a punto de publicarse, exponiendo un posible escándalo financiero que podría destruir la reputación de la empresa.

- **Pistas**: fragmentos de un artículo filtrado, correos electrónicos de periodistas, y declaraciones de empleados descontentos.
- **Solución**: los jugadores deben redactar una declaración oficial que salve la crisis de relaciones públicas, e identificar y corregir cualquier irregularidad interna que pueda generado el escándalo.
- *Elemento interactivo añadido:* una llamada simulada de un periodista que hace preguntas

difíciles en tiempo real, y los jugadores deben responder bien, para minimizar el impacto negativo.

6. La Amenaza Cibernética.

Historia. La empresa está bajo ataque por un grupo de hackers que exigen un rescate a cambio de no liberar datos sensibles. El equipo deberá neutralizar el ataque y restaurar la seguridad de la red.

- **Pistas**: mensajes de advertencia en los sistemas, anomalías en los servidores, y una secuencia de comandos encriptados dejada por los hackers.
- **Solución**: los jugadores deberán encontrar el acceso al sistema de seguridad, identificar los puntos débiles del software, y activar las medidas defensivas (utilizando pistas escondidas en las computadoras y objetos físicos en la sala).
- **Elemento interactivo añadido**: un panel de control simulado donde los jugadores deben ingresar códigos correctos o ejecutar ciertos comandos para detener el ataque.

Finalización. La actividad puede tener dos posibles desenlaces, dado el desempeño de los jugadores:

- *Éxito total:* si logran resolver todas las crisis y recuperar el control de la empresa, los jugadores reciben un mensaje de felicitación del CEO (ya sea en persona o un video pregrabado), agradeciéndoles por salvar la empresa.
- *Fracaso parcial o total:* Si no logran resolver todas las crisis, la empresa se hunde en la bancarrota. Un mensaje final en la pantalla proyectará los titulares sobre el colapso de la compañía, y se les ofrecerá una retroalimentación constructiva sobre las áreas en las que podrían haber mejorado.

Detalles técnicos para la implementación:

- *Materiales:* la mayoría de los objetos necesarios (computadoras portátiles, teléfonos y pizarras) son comunes en una oficina, lo que facilita el montaje.
- *Software interactivo:* para desafíos asociados con negociación, hacking o descifrado de mensajes, se pueden utilizar aplicaciones web básicas o scripts preprogramados que simulen estas acciones sin requerir una infraestructura tecnológica avanzada.
- *Modularidad:* cada acertijo es independiente, lo que permite ajustar la dificultad y duración de la prueba a las necesidades del cliente; así como agregar o quitar desafíos sin afectar la narrativa general.
- *Recursos virtuales:* si no se cuenta con actores, los asistentes virtuales pueden ser grabaciones de audio que se activan con acciones o códigos que los jugadores ingresan para obtener pistas.

Esta experiencia apuesta por la inmersión y jugabilidad, con acertijos que apelan a habilidades de deducción, negociación, lógica y colaboración. Además, la trama evolutiva mantiene a los jugadores comprometidos y motivados, con un sentido real de urgencia y consecuencias para sus acciones.

En nuestra experiencia con este tipo de ejercicios, la inteligencia artificial generativa (ChatGPT®, por ejemplo) es un gran recurso. De hecho, creemos que la «ingeniería de prompts» para el diseño y refinamiento de team buildings es un área de expertise fundamental para el presente y futuro de diseñadores y facilitadores de estas prácticas.

4

El diseño de artefactos

«No temo a la tormenta, porque estoy aprendiendo a navegar mi barco» (Louisa May Alcott).

«El mayor error que puedes cometer en la vida es temer continuamente que cometerás uno»
(Elbert Hubbard).

«Vive como si fueras a morir mañana. Aprende como si fueras a vivir para siempre»
(Mahatma Gandhi).

El diseño de una actividad de *team building* efectiva requiere un enfoque pedagógico bien fundamentado en principios de psicología organizacional, aprendizaje experiencial y desarrollo de competencias. A continuación, se presentan los pasos clave de diseño, que aseguran que la actividad no solo sea participativa, sino que también permita la transferencia de los aprendizajes al entorno laboral e impacte el desempeño de los equipos.

4.1. Análisis de Necesidad y Contexto.

El primer paso en el diseño de cualquier ejercicio es comprender el contexto y las necesidades del equipo. Este análisis permite que el ejercicio sea relevante y personalizado. Entre los aspectos clave tenemos:

*   *Identificación de desafíos grupales:* determinar qué áreas del equipo necesitan desarrollo (comunicación, confianza, resolución de conflictos, etc.).
*   *Nivel de cohesión actual:* incluye aplicar encuestas, entrevistas o sesiones de retroalimentación para evaluar el clima organizacional, la cohesión del equipo, sus retos y los estilos de comunicación.
*   *Objetivos específicos del ejercicio:* precisar lo que se pretende (mejorar la comunicación, potenciar el liderazgo, resolver problemas en conjunto, etc).
*   *Análisis de objetivos organizacionales:* conectar las metas del equipo con los objetivos estratégicos de la organización, para alinear la actividad.

El análisis de necesidades está fundamentado en principios de psicología organizacional descritos por Edgar Schein y Kurt Lewin, quienes enfatizan la importancia de entender el contexto grupal antes de diseñar intervenciones. El diagnóstico inicial implica investigar tres dimensiones:

Evaluar la historia organizacional. Con la pregunta: ¿Cuáles son los eventos recientes que han moldeado el clima actual de la organización, y cómo han afectado el bienestar y la cohesión de los equipos? La idea es que, antes de intervenir, es fundamental entender si el equipo ha atravesado cambios significativos, como una reestructuración, despidos o fusiones. La historia organizacional reciente influye notablemente en la receptividad y efectividad de cualquier intervención de teambuilding.

Explorar la percepción y expectativas de la intervención. Preguntamos: ¿Qué esperan los miembros del equipo lograr a través de esta intervención y cómo perciben la situación actual de su entorno laboral? La intención es identificar los objetivos y las motivaciones de los participantes, para adaptar la intervención a sus expectativas y reducir posibles resistencias. Esta exploración ayuda a alinear la intervención con las verdaderas necesidades del equipo, promoviendo un espacio seguro y participativo.

Diagnosticar el estado emocional y los niveles de estrés. Plantearemos: ¿Cómo describen los miembros del equipo su nivel de estrés y el apoyo emocional que reciben dentro de la organización? El nivel de estrés colectivo y la percepción del apoyo emocional son indicadores clave de la capacidad de los equipos para participar y beneficiarse de la experiencia. Si los niveles de estrés son elevados, podría ser necesario abordar estos aspectos, antes de realizar una intervención orientada al trabajo en equipo. En esta línea, es importante establecer de dónde viene la demanda: ¿Quién está pidiendo la intervención? y ¿Cuáles son sus motivos latentes?

4.2. Definir objetivos de aprendizaje.

Tras clarificar qué competencias o habilidades deben ser desarrolladas, construiremos los «resultados de aprendizaje» de la actividad, con tres componentes:
* Un *verbo* (la acción que realizará el aprendiz al final del ejercicio).
* El *contenido* (el saber que movilizará el aprendiz).
* El *contexto* (dónde y bajo cuáles condiciones de realizará la acción).

Por ejemplo, un resultado de aprendizaje para un team building de manejo del conflicto podría ser: "Los participantes serán capaces de identificar (*verbo*) el tipo de conflicto que experimenta el grupo y aplicar (*verbo*) las reglas del conflicto constructivo (*contenido*) en situaciones de alta presión de trabajo (*contexto*)".

4.3. Diseño de las actividades.

La selección de la metodología apropiada. Una vez identificadas las necesidades, se debe seleccionar la metodología adecuada; ésta define el tipo de actividad, su nivel de complejidad y el formato en el que se ejecutará. El diseño de ejercicios puede incluir una amplia variedad de metodologías, dependiendo de los objetivos que se quieran alcanzar. Entre las principales consideraciones metodológicas tenemos:

* *Aplicar el aprendizaje experiencial:* el modelo de Kolb propone que los participantes deben involucrarse activamente y reflexionar sobre sus acciones para consolidar aprendizajes. Luego, hay que diseñar actividades que involucren a los partici-

pantes en un ciclo de aprendizaje activo (experiencia, reflexión, conceptualización y aplicación).

- *Crear retos colaborativos:* Las actividades deben fomentar el resolver problemas, superando retos en conjunto y potenciando la cohesión grupal.
- *Aplicar pedagogía del juego:* el uso de juegos, simulaciones y metáforas favorece un ambiente de aprendizaje relajado y aumenta la disposición para explorar nuevas formas de interacción. El objetivo es crear una actividad que no solo sea entretenida, sino también educativa, asegurando mediante la lúdica que los participantes se involucren de manera activa en el proceso de aprendizaje.
- *Variar los formatos:* utilizar diferentes tipos de actividades según el perfil del equipo: actividades al aire libre, simulaciones, ejercicios de roles o dinámicas creativas.

El Diseño Estructural del Ejercicio. Esta tarea implica organizar el ejercicio considerando:

A. Duración y Secuencia:

- *Duración:* el tiempo debe ser suficiente para cumplir con los objetivos del ejercicio sin generar fatiga en los participantes. Según Priest y Gass, el diseño de actividades de *team building* al aire libre, por ejemplo, sugiere una duración ideal de 1 a 2 horas para maximizar el compromiso.
- *Secuencia:* Las actividades deben diseñarse para aumentar gradualmente en complejidad. Por ejemplo, una actividad de calentamiento inicial debe ser seguida por ejercicios que involucren más habilidades de colaboración y toma de decisiones.

B. Espacio y Entorno:

- *Lugar de ejecución:* determinar si el ejercicio se realizará en interiores o exteriores. Los ejercicios al aire libre tienden a fomentar un nivel más alto de participación y espontaneidad.
- *Materiales necesarios:* diseñar ejercicios que utilicen herramientas simples, pero que contribuyan a la creatividad y la colaboración. Por ejemplo, materiales comunes como cuerdas, pelotas o bloques de construcción pueden ser transformados en elementos clave dentro de la dinámica.

C. Grado de interacción:

- *Interacción física vs. mental:* algunos ejercicios se enfocan en el aspecto físico (como carreras de obstáculos), mientras que otros requieren más interacción cognitiva o emocional (por ejemplo, resolver un enigma grupal). Es importante equilibrar ambos tipos de interacción según el objetivo del equipo.
- *Tamaño del equipo:* diseñar el ejercicio según el número de participantes. Los grupos grandes pueden dividirse en equipos pequeños para facilitar la participación equitativa y evitar que algunos miembros del equipo se sientan excluidos.

D. Metáforas y Simulaciones:

Si decimos que «la vida es un viaje», estamos usando una metáfora para expresar la idea de que la vida tiene etapas y experiencias, similar a un viaje con altos y bajos. Las metáforas son poderosas herramientas de aprendizaje. Por ejemplo, construir una torre con bloques puede simbolizar cómo el equipo construye la confianza o una visión común. La metáfora es una figura retórica que consiste en que, en lugar de describir algo de manera literal, se utiliza una imagen o idea que evoca una comprensión más profunda o emocional del concepto en cuestión. En el contexto del aprendizaje organizacional, las metáforas ayudan a simplificar ideas abstractas y pueden ser herramientas poderosas para ilustrar conceptos complejos, facilitar la comunicación y fomentar una cultura de aprendizaje compartido.

Por su lado, en ejercicios como "El Líder Invisible", donde un miembro del equipo da instrucciones sin poder ver el progreso del grupo, se trabaja la delegación y la toma de decisiones, simulando situaciones de la vida real en el entorno organizacional.

4.4. Facilitar la reflexión y el feedback.

La facilitación reflexiva es un componente central del aprendizaje basado en experiencias, como lo establece *Donald Schön* en su obra sobre la reflexión en la práctica. Guiar a los participantes en la reflexión de lo que experimentaron durante la actividad, de manera que puedan extraer aprendizajes aplicables a su trabajo cotidiano, implica acciones específicas:

- *Discusión grupal post-actividad*: para facilitar una conversación estructurada, donde los participantes puedan compartir sus experiencias, observaciones y emociones en torno a la actividad.
- *Preguntas de reflexión:* plantear preguntas abiertas que inviten a los participantes a analizar los comportamientos observados, cómo se sintieron, y

qué cambios aplicarían en el entorno laboral. Ejemplos: ¿Qué fue lo más difícil de la actividad? ¿Cómo colaboraron? ¿Cómo aplicamos esto en el trabajo diario?

- *Feedback estructurado:* integrar mecanismos de retroalimentación positiva y constructiva, permitiendo que los participantes evalúen tanto su propio desempeño como el de sus compañeros.

En esta línea, el papel del facilitador es crucial para que el ejercicio se desarrolle de manera fluida y que los participantes puedan extraer aprendizajes clave. Algunos aspectos centrales de la facilitación son:

- *Creación de un ambiente seguro:* el facilitador debe asegurarse de que los participantes se sientan cómodos para participar, lo que fomenta una mayor apertura y disposición.
- *Observación activa:* mientras el ejercicio transcurre, el facilitador debe estar atento a las interacciones grupales y dinámicas emergentes, tomando notas sobre comportamientos clave que servirán para la reflexión posterior.
- *Moderación equilibrada:* el facilitador debe intervenir lo menos posible durante la actividad, permitiendo que los participantes tomen sus propias decisiones, pero debe estar disponible para ofrecer apoyo cuando sea necesario.

La facilitación está fundamentada en los principios de John Dewey sobre el aprendizaje por descubrimiento, que destaca la importancia de que los individuos aprendan a través de sus propias experiencias, con la intervención adecuada de un facilitador.

4.5. Transferencia de aprendizajes.

Debemos conectar los aprendizajes adquiridos en la actividad de *team building* con situaciones y desafíos del trabajo cotidiano, para que el equipo pueda aplicar lo aprendido de manera efectiva. Este traslado del espacio de aprendizaje al desempeño laboral es conocido como *transferencia.* Las acciones específicas incluyen:

- *Identificar oportunidades:* ayudar a los participantes a identificar cómo las habilidades trabajadas durante la actividad aplican en su día a día laboral.
- *Planes de acción individual y grupal:* solicitar a los miembros del equipo formular acciones concretas que aplicarán en el corto y mediano plazo para mejorar su desempeño en el trabajo.
- *Establecimiento de seguimientos:* definir sesiones de seguimiento posteriores para evaluar y reforzar cómo se están aplicando los aprendizajes.

Este enfoque se basa en la t*eoría de transferencia de aprendizaje* de Robert Haskell, así como en el modelo de evaluación de impacto de Donald Kirkpatrick, que subraya la importancia de investigar la transferencia aula-trabajo de los aprendizajes.

Reflexión y Retroalimentación. Una vez concluido el ejercicio, es necesario llevar a cabo una fase de reflexión estructurada, en la que los participantes puedan evaluar lo sucedido durante la actividad y extraer aprendizajes valiosos. Resultan aplicables:

A. Reflexión guiada: el facilitador debe guiar a los participantes a través de preguntas que estimulen la reflexión: ¿Qué aprendiste sobre la dinámica del equipo durante la actividad? ¿Cómo resolvieron los desafíos juntos? ¿Qué cambiarías si lo hicieran de nuevo? Asimismo, aplica el *análisis de comportamientos:* identificar los comportamientos positivos y áreas de mejora observadas durante la actividad.

B. Aplicación de aprendizajes. Donde se tiene:

* *Conexión con el trabajo diario:* se ayuda al equipo a identificar cómo pueden aplicar los aprendizajes del ejercicio en situaciones reales de trabajo. Este paso asegura que las actividades no se queden en una experiencia aislada, sino que contribuyan al desarrollo del equipo a largo plazo.
* *Establecimiento de compromisos: a*l finalizar la reflexión, el facilitador puede guiar al equipo para que establezcan acciones concretas o compromisos que busquen mejorar aspectos críticos del trabajo colaborativo.

El valor pedagógico de la reflexión y la retro-alimentación se basa en los principios del aprendizaje reflexivo de Donald Schön, quien destacó que la verdadera transformación ocurre cuando los participantes reflexionan críticamente sobre sus acciones y buscan mejorar continuamente.

4.6. Evaluación de la Actividad.

El último paso en el diseño de un ejercicio de *team building* es la evaluación de su efectividad. Esto permite entender si el ejercicio cumplió con sus objetivos y qué aspectos podrían mejorarse a futuro.

Las herramientas de evaluación del impacto de los ejercicios están alineadas con el *Modelo de Evaluación de Kirkpatrick (véase la cápsula pedagógica) e* incluyen:

- *Evaluación cualitativa y cuantitativa:* Utilizar herramientas como encuestas post-actividad, entrevistas individuales y mediciones de indicadores clave de rendimiento (KPI) dl equipo.
- *Feedback de los participantes:* recolectar retroalimentación directa sobre la efectividad, relevancia y nivel de compromiso logrado.
- Medición del impacto en el trabajo diario: Revisar indicadores de productividad, satisfacción laboral y cohesión del equipo en los meses posteriores a la actividad para evaluar cambios medibles.
- *Evaluaciones post-actividad:* Las encuestas y entrevistas pueden medir el nivel de satisfacción de los participantes, su percepción sobre la efectividad del ejercicio y los aprendizajes adquiridos.
- *Indicadores de rendimiento: L*a medición puede incluir indicadores cuantitativos (por ejemplo, mejora en la productividad o la reducción de conflictos internos) y cualitativos (mejor comunicación, cohesión y satisfacción grupal).
- *Feedback continuo:* Es recomendable realizar un seguimiento a mediano plazo para evaluar si los aprendizajes se han mantenido y cómo han impactado en el rendimiento general del equipo.

Consideraciones específicas para programas de team building virtual. Evaluar el éxito de un programa de team building virtual requiere una combinación de métricas cualitativas y cuantitativas:

- *Encuestas de satisfacción:* realiza encuestas antes y después del evento para medir el nivel de satisfacción de los participantes, sus expectativas y si afirman que se han cumplido los objetivos.
- *Indicadores de participación*: Mide el nivel de participación de los miembros del equipo durante las actividades. ¿Todos contribuyeron? ¿Hubo un equilibrio en las intervenciones?
- *Análisis de la comunicación:* ¿Se observaron mejoras en la claridad de las ideas, la resolución de conflictos y la escucha activa?
- *Seguimiento del rendimiento:* Compara indicadores clave de rendimiento (KPI) del equipo antes y después del programa. ¿Se observaron mejoras?
- *Observación directa: de ser* posible, observe las interacciones durante las actividades para identificar patrones de comportamiento y áreas de mejora.

Métricas a considerar (Los participantes...):

- *Nivel de compromiso:* ¿Se mostraron comprometidos y entusiastas?
- *Aprendizaje y desarrollo:* ¿A adquirieron nuevas habilidades o conocimientos?
- *Fortalecimiento de las relaciones:* ¿Se observó una mejora en las relaciones interpersonales?
- *Claridad de los objetivos:* ¿Entendieron los objetivos del programa?
- *Relevancia de las actividades:* ¿Consideraron que las actividades eran relevantes para su trabajo?

Consideraciones específicas para adaptación intercultural. Adaptar el team building a diferentes culturas y estilos de trabajo es fundamental para garantizar su éxito. Podemos considerar:

- *Investigación cultural:* Antes de diseñar las actividades, investigue las normas culturales, valores y formas de comunicación de los equipos.
- *Sensibilidad cultural:* evite estereotipos y asegure de que las actividades sean respetuosas.
- *Flexibilidad:* Sé flexible y dispuesto a hacer ajustes sobre la marcha si es necesario.
- *Colaboración con líderes locales,* para obtener su perspectiva y garantizar que las actividades sean culturalmente apropiadas.
- *Jerarquía:* en culturas más jerárquicas, puede ser necesario adaptar las dinámicas para garantizar que todos se sientan cómodos al participar.
- *Individualismo vs. colectivismo:* las culturas individualistas valoran la autonomía y la competencia, las colectivistas el trabajo en equipo y la armonía. Adapte las actividades en consecuencia.

Ejemplo de baja sensibilidad intercultural: una actividad que incluía la dinámica "vaqueros e indios" (donde los "indios" eran los "malos"), fue mal recibido en un grupo con fuerte representación indígena.

4.7. Iteración y Mejora Continua.

Objetivo: mejorar continuamente los ejercicios basándose en las evaluaciones previas y el feedback recibido. Entre las cciones específicas se tiene:

- *Análisis post-evaluación:* Identificar qué aspectos de la actividad funcionaron bien y cuáles deben ajustarse. Realizar retrospectivas para detectar puntos sobresalientes y puntos de mejora.
- *Sistematizar periódicamente las experiencias*, para generar una base de lecciones aprendidas.
- *Mejoras basadas en datos:* ajustar futuros programas de *team building* utilizando las métricas y retroalimentación obtenidas.
- *Innovación continua:* Introducir nuevas dinámicas y técnicas en futuros ejercicios, asegurando que las actividades se mantengan relevantes y atractivas.

En el ciclo de mejora continua resulta útil incoporar retrospectivas como las practicadas en modelos ágiles e incorporar metodologías de sistematización de la experiencia, para detectar y profundizar en lecciones aprendidas y mejores prácticas.

4.8. El equipo en la era digital.

El surgimiento del trabajo remoto, acelerado por eventos globales como la pandemia de COVID-19, ha puesto de manifiesto la necesidad de nuevas estrategias para fomentar la cohesión y el compromiso de los equipos. En este contexto, el *team building remoto* ha emergido como una práctica esencial para mantener viva la llama del espíritu de equipo en entornos dispersos geográficamente. En nuestra experiencia, el primer ejercicio que practicamos fue el "Show and Tell virtual", donde cada miembro del equipo presenta un objeto que tenga un significado personal y resonante, y explica por qué lo eligió. Con el avance de las tecnologías de la información y la comunicación, y la creciente demanda de soluciones colaborativas, el team building remoto ha evolucionado hacia una disciplina más sofisticada y estratégica.

Fortalezas y Debilidades. El team building remoto presenta una serie de ventajas:
- *Flexibilidad:* Permite la participación de equipos distribuidos en diferentes zonas horarias y facilita la conciliación de la vida laboral y personal.
- *Accesibilidad:* elimina costos de viaje ya lojamiento asociados a eventos presenciales.
- *Escalabilidad:* permite involucrar a equipos de gran tamaño sin limitación de espacio.
- *Variedad:* La tecnología ofrece un abanico infinito de posibilidades para diseñar experiencias interactivas y enriquecedoras.

Sin embargo, también presenta desafíos: por una parte, las conexiones virtuales no pueden reemplazar por completo la riqueza de las relaciones interpersonase que se establecen en un entorno presencial; además, el entorno doméstico puede generar distracciones que dificulten la concentración y la participación, y es más complicado detectar señales no verbales y comprender las dinámicas grupales.

Mejores prácticas. Para garantizar el éxito de un programa de team building remoto, es fundamental tener en cuenta que la elección de la herramienta tecnológica es crucial. Debe ofrecer funcionalidades como videoconferencia de alta calidad, chat en tiempo real, pizarras virtuales y herramientas de colaboración. Asimismo, las actividades deben ser diseñadas de manera que fomenten la interacción, la comunicación y la resolución de problemas en equipo. Finalmente, para fomentar la participación, es necesario crear un ambiente inclusivo y motivar a todos los miembros del equipo a participar activamente. Es clave considerar las diferentes zonas horarias y las cargas de trabajo individuales. Además, las actividades de team building deben crear oportunidades para que los miembros del equipo interactúen de manera informal y construyan relaciones más sólidas. Es clave utilizar rompehielos: iniciar las sesiones con actividades cortas y divertidas que ayuden a relajarse y conectarse.

Lo presencial, lo remoto y los resultados. Las actividades de team building, tanto presenciales como remotas, buscan fomentar la cohesión, la comunicación y la colaboración dentro de un equipo. Sin embargo, existen diferencias notables en los resultados que pueden obtenerse en cada modalidad:

• *Conexión emocional:* El contacto cara a cara en el team building presencial facilita la creación de conexiones emocionales más profundas y auténticas entre los miembros del equipo. Las expresiones faciales, el tono de voz y el lenguaje corporal juegan un papel crucial en la construcción de relaciones. En el entorno remoto, estas señales no siempre son claras, lo que puede dificultar la formación de lazos más fuertes.

- *Dinámicas de grupo:* Las dinámicas de grupo pueden fluir de manera más espontánea y natural en un entorno presencial.
- *Actividades: lo* presencial es físico y táctil, lo que favorece la colaboración y la resolución de problemas de una manera más directa. En el entorno remoto, las actividades se centran más en la interacción verbal y las herramientas digitales.

Finalmente, el uso de tecnologías plantea desafíos éticos en términos de *privacidad* (garantizar la privacidad de los participantes y proteger sus datos), *equidad* (las actividades deben ser inclusivas y accesibles para todos los miembros del equipo, independientemente de sus habilidades tecnológicas o circunstancias personales) y *uso de datos* (la recopilación y el análisis de datos de los participantes deben realizarse de manera ética y transparente).

Conectando en la virtualidad. Presentaremos tres actividades típicas del teambuiding virtual.

1. **Escape Room Virtual.** Podemos utilizar una plataforma especializada en escape rooms virtuales, o diseñar un ejercicio propio empleando Canva. Un ejemplo de «escape room», adaptable al entorno virtual, se encuentra en la cápsula pedagógica de cierre del capítulo anterior.

2. **Taller de Cocina Virtual.**
Objetivo: Fomentar la colaboración, la comunicación y la diversión en un ambiente relajado.
Desarrollo:

- *Plataforma:* utilizar una plataforma de videoconferencia que permita compartir la pantalla para que todos los participantes puedan seguir la receta.
- *La receta:* Elegir una receta que sea fácil de seguir.
- *Preparación:* solicitar a los participantes que preparen los ingredientes con anticipación.
- *Desarrollo de la actividad:* el anfitrión guiará al equipo a través de los pasos de la receta, mientras los participantes cocinan en sus propias cocinas.

En este ejercicio se debe considerar la *interacción* (fomentar la conversación y el intercambio de experiencias durante la preparación de la comida), la *creatividad* (permitir que los participantes aporten sus propias ideas y variaciones a la receta) y la *celebración* (al finalizar, todos disfrutan juntos de la comida que han preparado).

| **TB17** | *Colaboratorio: "ADN del éxito"* |

Objetivo: construir de manera apreciativa (es decir, con base "en lo que funciona" y las "historias de éxito") las capacidades organizacionales.

Desarrollo:

- *Encuadre:* se pide al grupo que piense en una experiencia exitosa vivida durante el último año: *"¿Podría alguno de los participantes contarnos acerca de una experiencia laboral durante la cual se sintió en máximo desempeño, incluso antes de alcanzar el resultado?"*. Es clave capturar historias detalladas y reales (no hipotéticas).

- *Historias emergentes:* se va dando turnos para contar voluntariamente las historias, que emergen del grupo. El número de historias será a recoger será proporcional al número de participantes, de modo que haya entre 5 a 8 participantes por historia Se da un nombre a cada historia.

- *Breakout rooms del éxito:* se arman salas para pequeños grupos (ingl. *breakout rooms*), una por cada historia y se pide a los participantes que se integren a la sala con la historia que les resuene más, buscando que el número de participantes por sala sea equilibrado.

- *Contar la historia y dar con el ADN:* una vez integrados en las salas, a los grupos se les da 30 minutos para realizar dos tareas: primero, examinar la historia en detalle y luego definir las capacidades individuales, grupales y organizacionales que hicieron esta historia posible (este es el "ADN del éxito"). Aquí son importantes las preguntas: *"¿Qué cosas sobresalientes hizo y cuáles cree que fueron sus capacidades o fortalezas, que hicieron esta historia posible?", "¿Qué apoyo de sus pares resultó clave?" y ¿Qué elementos organizacionales contribuyeron al resultado?".* Adicionalmente, cada grupo deberá definir uno o más relatores, que cuenten la historia a la plenaria y revelen el "ADN del éxito" encontrado. Se pedirá que los relatores enciendan la cámara e intensifiquen su relato con gestos y movimientos corporales.

- Feedforward total: tras los análisis, todos vuelven a la plenaria y cada grupo hace su presentación. En este paso, una espiral emocional positiva inicia con las historias de éxito: las emociones positivas aumentan la apertura a nueva información, a colaborar, a la creatividad, encienden las "voces vitales que representan lo mejor de uno" y potencian las capacidades del equipo (Margery, 2023). Al final, la plenaria como un todo trabaja la *pregunta feedforward*: *¿Cómo podríamos aplicar estas capacidades a los desafíos presentes?".*

Para concluir, apuntaremos que el team building remoto ha demostrado ser una herramienta eficaz para fomentar la cohesión y el compromiso. Aunque presenta desafíos únicos, sus beneficios superan con creces las limitaciones. A futuro, se espera que las tecnologías de realidad virtual y aumentada desempeñen un papel cada vez más importante en la creación de experiencias más inmersivas y realistas. Además, la inteligencia artificial podría utilizarse para personalizar las actividades y ofrecer guías basadas en los datos de los participantes.

CP7	**Cápsula Pedagógica:** *El Modelo de Evaluación de Impacto de Kirkpatrick*

Desarrollado por Donald Kirkpatrick en avances progresivos a partir de 1959, este modelo ofrece un marco estructurado para evaluar los resultados de un programa en cuatro niveles:

1. **Reacción:** ¿Qué pensaron los participantes? Se mide a través de encuestas de satisfacción, donde se evalúa si el programa fue relevante, interesante y si cumplieron las expectativas. Eso sí, este nivel no mide el aprendizaje.
2. **Aprendizaje:** ¿Qué aprendieron los participantes? Se evalúa a través de pruebas de conocimiento. Empero, este nivel no mide la transferencia de lo aprendido al trabajo.
3. **Comportamiento:** ¿Cómo aplicaron los participantes lo aprendido en su trabajo? Se evalúa a través de la observación del desempeño en el trabajo, de los informes de los superiores y de los pares.
4. **Resultados:** ¿Cuál fue el impacto del programa en la organización? Se evalúa a través de indicadores clave de rendimiento (KPI) de productividad, calidad, reducción de costos o satisfacción del cliente.

¿Cómo aplica Kirkpatrick a un team building?
Imaginemos un team building enfocado en mejorar la comunicación y la resolución de conflictos dentro de un equipo de ventas.

- *Nivel 1. Reacción:* al finalizar el team building, se realiza una encuesta donde se pregunta a los participantes si disfrutaron de las actividades, si consideraron que fueron útiles y si creen que les ayudará a mejorar su trabajo en equipo.

- *Nivel 2. Aprendizaje:* se diseñan preguntas para evaluar si los participantes comprendieron los conceptos clave sobre comunicación efectiva y resolución de conflictos, y si pueden identificar situaciones reales donde aplicarlos.
- *Nivel 3. Comportamiento:* se observa si los participantes aplican las habilidades adquiridas en reuniones de equipo, si buscan activamente resolver conflictos y si su comunicación ha mejorado. Los supervisores proporcionan retroalimentación sobre los cambios observados en el desempeño.
- *Nivel 4: Resultados:* se analizan los indicadores clave de rendimiento del equipo, como el aumento en las ventas, la mejora en la satisfacción del cliente o la reducción del número de conflictos internos. Usualmente grupos que no asistieron al team building son empleados como "grupo control" para aislar el efecto de la actividad.

Subrayemos que es importante evaluar por tres razones:

- *Mejorar la eficacia:* identificar qué aspectos del programa funcionaron y cuáles necesitan mejora.
- *Justificar la inversión:* conectar los resultados del team building con objetivos de la organización.
- *Tomar decisiones informadas:* evaluar ayuda a seleccionar los programas más adecuados para las necesidades de la organización.

| CP8 | Cápsula Pedagógica: team building con el modelo de papeles de Belbin |

Teoría de los roles de Belbin. El concepto de rol, según la teoría de Belbin (2010), se refiere a la forma en que una persona se comporta, contribuye y se relaciona con los demás en un entorno de trabajo. Si las habilidades son el conjunto de conocimientos y destrezas que permiten ejecutar tareas específicas, el rol define cómo esas tareas se desempeñan en equipo, influyendo en el éxito colectivo.

Esta teoría apunta que los equipos de alto rendimiento están compuestos por individuos que desempeñan diferentes papeles, cada uno con sus propias fortalezas y debilidades. Belbin identificó nueve principales, divididos en roles de acción (orientados a la ejecución y cumplimiento de objetivos), de ideas (se enfocan en la generación de ideas, análisis y especialización técnica) y de personas (promueven la cohesión, coordinación y contacto dentro del equipo y con el exterior).

Rol	Pros y contras
Impulsor: persona motivada, competitiva y orientada a los objetivos.	*Fortaleza:* dinámico, trabaja bien bajo presión, tiene iniciativa y el coraje para superar obstáculos. *Debilidad:* puede molestar u ofender con su estilo directo y agresivo.
Implementador: persona práctica y confiable con alta autodisciplina.	*Fortaleza:* Eficiente, convierte ideas en acciones y organiza el trabajo con precisión. *Debilidad:* Inflexibilidad ante nuevas ideas y lentitud para adaptarse.

Finalizador: detallista y perfeccionista, orientado a la calidad y la precisión.	*Fortaleza:* Busca errores y asegura que las tareas se completen con altos estándares. *Debilidad:* Tendencia a preocuparse demasiado y evitar delegar.

Tabla 5. Roles de acción de Balbin.

Meredith Belbin desarrolló esta teoría a través de una extensa investigación que involucró la observación de equipos de trabajo en diversas organizaciones. Su objetivo era comprender por qué algunos equipos tenían más éxito que otros y cómo se podían optimizar los equipos para lograr mejores resultados.

Rol	Pros y contras
Coordinador: persona madura, segura y que facilita que otros trabajen hacia metas compartidas.	*Fortaleza:* capacidad para delegar eficazmente y clarificar los objetivos del grupo. *Debilidad:* puede ser percibido como manipulador y evitar asumir trabajo personal.
Cohesionador: persona sociable y flexible que fomenta la armonía.	*Fortaleza:* diplomático, percibe los conflictos y los resuelve, evita enfrentamientos. *Debilidad:* puede ser indeciso en situaciones difíciles y evita tomar decisiones impopulares.
Investigador de recursos: persona extrovertida, entusiasta y comunicativa.	*Fortaleza:* capaz de buscar oportunidades y desarrollar contactos. *Debilidad:* puede ser demasiado optimista y perder el interés si no se le estimula.

Tabla 6. Roles sociales de Balbin.

Rol	Pros y contras
Cerebro: persona creativa, innovadora y con ideas originales.	*Fortaleza:* Genera soluciones innovadoras para problemas complejos. *Debilidad:* puede ignorar detalles o ser distraído y excéntrico, lo que dificulta la comunicación
Monitor/ Evaluador: persona prudente y seria, con alta capacidad de juicio crítico.	*Fortaleza:* Juzga con precisión, evaluando todas las opciones antes de decidir. *Debilidad:* Puede ser percibido como excesivamente crítico y carecer de iniciativa.
Especialista: Persona enfocada en la acumulación de conocimientos en áreas específicas.	*Fortaleza:* Proveedor de conocimientos profundos y especializado. *Debilidad:* Su contribución se limita a áreas muy específicas y puede ser inflexible

Tabla 7. Roles mentales de balbin.

Para Belbin, los equipos de trabajo ideales son los formados por entre 4 y 6 personas, donde cada quien puede tener dos o tres roles preferentes y, como equipo, logran representar los 9 roles.

Seguidamente, proponemos un ejercicio de identificación de estos papeles, que fomenta una mayor comprensión de los diferentes roles de equipo y cómo se complementan, así como mejoras de la comunicación y la cohesión. El objetivo es identificar los roles en cada miembro del equipo y comprender cómo se complementan para lograr un mejor desempeño colectivo.

TB18	Construyendo el equipo ideal

Este es un ejercicio basado en la teoría de Belbin.
Materiales: fichas o tarjetas con los nombres de los nueve roles de Belbin. Hojas de papel y bolígrafos.

Procedimiento:

1. *Encuadre:* explicar brevemente la teoría de los nueve roles de Belbin, enfatizando la importancia de cada uno para el éxito del equipo.
2. *Autoevaluación:* pedir a cada participante que reflexione sobre sus propias fortalezas y debilidades en el trabajo en equipo y que seleccione tres roles que cree que representan mejor su estilo.
3. *Retroalimentación grupal:* organizar una discusión en grupo donde cada participante comparta sus tres roles seleccionados. El resto del equipo puede hacer preguntas o comentarios para aclarar y enriquecer la autopercepción de cada miembro.
4. *Asignación de papeles:* utilizando las fichas con los nombres de los roles, cada participante selecciona un rol que cree que aún no está representado en el equipo o que considera que puede desarrollar.
5. *Construcción del equipo ideal:* se divide al grupo en equipos más pequeños y se les pide que construyan un modelo ideal de equipo, asignando a cada miembro un rol de Belbin. Deben justificar sus elecciones y discutir cómo los diferentes roles se complementan para lograr los objetivos del equipo.
6. *Presentación y discusión:* cada equipo presenta su modelo ideal al grupo completo. Se discute acerca de las similitudes y diferencias entre modelos, así como sobre los desafíos y oportunidades que plantea cada configuración.

5

Los aprendizajes

«El comportamiento humano está determinado por el ambiente grupal en el que ocurre» (Kurt Lewin, *pionero de la psicología social)*.

«La acción colectiva tiene que ver con resolver problemas juntos; trabajar en comunidad nos hace más fuertes» (Jane Addams).

«El trabajo en equipo es lo que hace que los ideales cobren vida» (Rosabeth Moss Kanter*)*.

5.1. Obstáculos, transferencia y roles.

Tras un *team building*, es crucial integrar reflexiones y propuestas que consoliden las lecciones aprendidas y promuevan la transferencia de esos aprendizajes a la dinámica del equipo. Proponemos un modelo que suma cuatro factores: los *aprendizajes* colectivos, cómo *superaron juntos los obstáculos*, cómo van a *transferir lo aprendido* al trabajo y cuáles *roles* emergieron en la dinámica.

Los aprendizajes del equipo. Aquí tendríamos las preguntas: ¿Qué aprendimos sobre la colaboración? Y *¿Qué fue lo que nos sorprendió de la manera en que colaboramos?* A menudo, los equipos descubren patrones de comunicación o dinámicas no evidentes. Estas preguntas ayudan a identificar esos patrones y a discutir cómo potenciarlos o corregirlos.

La superación de los obstáculos. La pregunta clave es: *¿Qué desafíos enfrentamos y cómo los resolvimos?* Identificar obstáculos y la forma en que se resolvieron es crucial, ya que esos mecanismos se pueden trasladar a situaciones del trabajo.

Figura 3. Cuatro temas post-team building.

La transferencia. Preguntaremos: ¿Cómo aplicamos estos aprendizajes en nuestro trabajo diario? Vincular explícitamente los aprendizajes con la realidad laboral del equipo facilita que las mejoras no se queden solo en el ámbito de la actividad.

Los papeles emergentes. Podemos preguntar: ¿Qué roles emergieron y cómo afectaron el rendimiento del equipo? Y *¿Qué roles naturales asumió cada persona y cómo contribuyeron a los resultados del equipo?* El reconocimiento de los roles dentro del equipo ayuda a ser conscientes de la propia contribución y que se promueva la autogestión y el liderazgo compartido.

5.2. Nueve ejercicios post-actividad (PA).

Al final de cada teambuiding o interacción importante, el equipo debe tomarse un tiempo para reflexionar sobre las formas en las que colaboraron bien. Los siguientes ejercicios refuerzan las conductas positivas al identificarlas explícitamente, apoyan la transferencia aula-trabajo de los aprendizajes, incentivan la sistematización y los insights y lecciones aprendidas.

PA1	Ciclo de retroalimentación positiva.

Cada miembro del equipo necesita entender cómo su colaboración influye en el rendimiento colectivo. Identificar patrones de comportamiento es clave para mantener prácticas positivas y corregir las negativas.

Ejecución: se hace preguntas como: *¿Qué acciones del equipo facilitaron nuestra colaboración?* o *¿Qué comportamientos específicos debemos repetir?*

Frecuencia: este ciclo debe repetirse regularmente para afianzar los comportamientos.

Herramienta: emplee una tabla de seguimiento visual, en la que se registren las conductas colaborativas identificadas, que se revísa en cada reunión mensual.

PA2	Retrospectiva de Obstáculos Superados (ROS)

La pregunta: ¿Cómo superamos los obstáculos durante la actividad? Nos abre a desarrollar una mentalidad de resolución de problemas basada en experiencias pasadas, que sirve como referencia al enfrentar retos similares en el trabajo.

Con la técnica ROS, se implementa una retrospectiva dedicada exclusivamente a la identificación de obstáculos y soluciones. Cada miembro del equipo debe presentar un obstáculo que enfrentó en la actividad de *team building* y cómo fue resuelto. El propósito es identificar las estrategias efectivas de resolución y desarrollar un manual del equipo.

- Ejecución: Use preguntas como: *¿Cuál fue el desafío más grande que enfrentaste?* y *¿Cómo pudiste resolverlo de manera efectiva?*
- Frecuencia: mensual, durante las primeras fases de implementación post-*team building*.
- Herramienta: se debe crear un "manual de resolución de problemas del equipo" con las estrategias que resultaron útiles, que será revisado y actualizado en las reuniones de equipo

PA3	Aplicación Directa de Aprendizajes

La pregunta: ¿Cómo aplicamos estos aprendizajes en nuestro trabajo diario? Nos remite a la transferencia, al proceso de alinear los aprendizajes con los objetivos diarios del equipo para asegurar su implementación. La clave está en traducir aprendizajes abstractos en acciones concretas y vinculadas a las responsabilidades diarias. Cada persona debe identificar un aprendizaje clave de la actividad y relacionarlo directamente con su trabajo.

- Ejecución: durante la primera reunión post-*team building*, pida a cada miembro que responda: *¿Qué cambio específico implementará en su trabajo diario a partir de lo aprendido?*
- Seguimiento: el líder del equipo debe realizar revisiones y ajustes periódicos (quincenales o mensuales) de estos compromisos.

PA4	Autoevaluación de roles (AER)

La pregunta: ¿Qué roles emergieron y cómo afectaron el rendimiento del equipo? Busca facilitar la autoconciencia, el *insight* y la autogestión mediante la identificación de roles naturales y espontáneos dentro del equipo. Debemos invitar a cada miembro a realizar una autoevaluación de los roles que desempeñó durante la actividad y que luego los compare con los papeles que desempeña habitualmente en el trabajo. Esto permite la reflexión sobre cómo podría adaptar o ajustar su rol para mejorar el rendimiento del equipo.

- Ejecución: emplee preguntas como: *¿Qué rol desempeñó durante la actividad y cómo se relaciona con su rol habitual?* y *¿Cree que este rol le ayudó a desempeñarse mejor en el equipo?*
- Herramienta: introduzca un ejercicio de manejo de roles de Belbin (véase el final del capítulo anterior).

PA5	Panel de Responsabilidad Compartida

La idea es trabajar la *accountability* y fomentar una cultura que garantice que los aprendizajes del *team building* se traducen en acciones concretas. Para ello, se crea un "panel de responsabilidad" visual y físico (puede ser digital en equipos remotos) donde se listan los compromisos personales y grupales.

Ejecución: en la primera semana post-*team building*, cada miembro anota un compromiso personal y uno grupal. Los compromisos son visibles para todos.
*Frecuencia: r*evisión semanal de los compromisos en las reuniones de equipo.
Herramienta: aplicaciones colaborativas como Trello® permiten un seguimiento visual de los compromisos.

PA6	Espacio Seguro de Diferencias

Para este ejercicio se movilizan preguntas como: *¿Qué aprendimos sobre nuestras diferencias y cómo podemos aprovecharlas?* Este ejercicio fomenta la inclusión, el respeto por las diferencias y una mayor cohesión grupal al reconocer cómo las diversas perspectivas fortalecen al equipo. Es claro que este sólo es practicable en un equipo maduro, abierto a la retroalimentación constructiva y con buen nivel de seguridad psicológica. Aquí se busca promover una cultura de respeto por las diferencias individuales y aprovecharlas como una ventaja competitiva.

Ejecución: Cree un espacio en el que los miembros puedan discutir abiertamente cómo sus diferencias en estilos de trabajo, habilidades y perspectivas afectan al equipo. Esto permite eliminar tensiones y encontrar formas de utilizar las diferencias a favor del equipo. E*mplee* dinámicas como "círculos de diálogo", donde cada miembro comparte cómo percibe las diferencias en el equipo y cómo impactan en la colaboración.
Frecuencia: mensual o tras cada proyecto importante.
Herramienta: implemente mapas de empatía (véase la cápsula pedagógica al final de este capítulo).

PA7	Ciclo de Retrospectivas Ágiles

Para este ejercicio se implementa retrospectivas regulares, un método usado en metodologías ágiles. El ciclo de retrospectivas es una herramienta estructurada para evaluar de forma regular el progreso del equipo. El objetivo es establecer una cultura de mejora continua mediante revisiones periódicas que consoliden los aprendizajes.
Ejecución: se divide la retrospectiva en tres partes:
- *Lo que hicimos bien* (refuerzo positivo): ¿Qué hemos hecho bien esta semana?.
- *Lo que debemos mejorar* (identificación de oportunidades): ¿Qué podemos mejorar?
- *Acciones a tomar* (acciones concretas para mejorar): ¿Qué pasos tomaremos para mejorar?.

Frecuencia: semanal o quincenal.

Herramienta: se emplean herramientas ágiles como Jira o Miro para documentar y dar seguimiento a las acciones acordadas.

PA8	Conexión con Metas Estratégicas

Es fundamental vincular los aprendizajes del *team building* con las metas del equipo y la organización. Una técnica efectiva para precisar metas es el modelo S.M.A.R.T. Propuesto por George Doran en 1981, el acrónimo corresponde a:

- E(**S**)pecífica: La meta debe ser clara y concisa; define exactamente qué se quiere lograr.
- **M**edible: debe ser cuantificable; mide el progreso y alerta cuando la meta ha sido alcanzada.
- **A**lcanzable: realista y dentro de las posibilidades. Ni imposible ni trivial.
- **R**elevante: alineado con retos estratégicos.
- **T**emporal: asociado con un plazo para lograrlo.

A partir de este marco, se revisa y ajusta las metas del equipo, haciendo que cada objetivo se detalle y relacione con los aprendizajes obtenidos para asegurar su aplicación en proyectos concretos.

Ejecución: El equipo debe identificar los objetivos clave de la organización y cómo los aprendizajes del *team building* pueden contribuir a lograrlos. Esto se traduce en crear metas SMART dentro del equipo que se alineen con las metas estratégicas generales.

Frecuencia: bimensual, en sesiones de evaluación del equipo.

Adicionalmente, se puede ampliar el acrónimo a «SMAART», donde la nueva letra "A" representa "Accionable": la meta debe incorporar alguna noción de plan o de acciones a tomar para alcanzarla.

Asimismo, los facilitadores pueden animar a los equipos a emplear la inteligencia artificial generativa (ChatGPT®, por ejemplo), como apoyo para diseñar o refinar sus metas SMART. En nuestra experiencia, los equipos quedan sorprendidos por la capacidad que ofrece este recurso, para amplificar y estimular su trabajo.

PA9	Campeones de Aprendizaje

Después del *team building*, se designa a algunos miembros del equipo como "campeones" de áreas clave (p.ej.: comunicación interdepartamental o resolución de conflictos). Estos campeones son responsables de monitorear y fomentar el desarrollo continuo de esas habilidades.

- Ejecución: se define las responsabilidades, apoyo y autonomía de los campeones para realizar entrenamientos o identificar oportunidades de mejora.
- Frecuencia: reuniones mensuales con los campeones para evaluar el progreso.

Los ejercicios presentados en este capítulo trabajan el reto de la transferencia de los aprendizajes. En este punto será importante trabajar con modelos de trabajo en equipo y «mapas de empatía», temas presentados en las dos cápsulas pedagógicas siguientes.

CP9	**Cápsula Pedagógica:** Tres modelos.

Los modelos de Tuckman, Lencioni y Katzenbach-Smith son fundamentales en la comprensión de la dinámica de equipos. Muy utilizados en el ámbito del team building, los presentaremos en conjunto (sin olvidar que el modelo de Tuckman ya fue discutido en el primer capítulo).

En su formato original, Bruce Tuckman (1965) describe cuatro etapas de desarrollo de un equipo:

- *Forming*: los miembros se conocen y establecen las reglas básicas.
- *Storming*: surgen conflictos y se definen roles y responsabilidades.
- *Norming*: se establecen normas, se desarrolla la cohesión y se conoce las fortalezas y debilidades de cada quien.
- *Performing*: el equipo trabaja de manera eficiente hacia un objetivo común.

Dos insights clave de este modelo son *la importancia de la transición entre etapas (los facilitadores* deben ser conscientes de las diferentes etapas y facilitar la transición entre ellas; en particular durante la fase de storming, donde los conflictos pueden ser más intensos) y la *necesidad de adaptabilidad*: (los equipos pueden retroceder o avanzar entre las etapas, por lo que los facilitadores deben ser flexibles y adaptar sus intervenciones a las necesidades del equipo en cada momento).

Tuckman se complementa con Patrick Lencioni (2002), y sus cinco disfuncionalidades del equipo:

- *Falta de confianza:* los miembros no se sienten seguros para ser vulnerables.
- *Miedo al conflicto:* se evitan las discusiones abiertas y honestas.
- *Falta de compromiso:* no hay un acuerdo claro sobre los objetivos y decisiones.
- *Evitar la responsabilidad:* los miembros no se responsabilizan por sus acciones.
- *Falta de atención a los resultados:* se priorizan los intereses individuales sobre los del equipo.

Dos insights clave de este modelo son la importancia de la *confianza* como el fundamento de un equipo de alto rendimiento (los facilitadores deben crear un ambiente seguro donde los miembros se sientan cómodos expresando sus opiniones y preocupaciones y puedan trasladar esta seguridad psicológica al día a día) y la *importancia de la comunicación abierta,* esencial para resolver conflictos y alcanzar un compromiso. Los facilitadores deben enseñar a los equipos habilidades de comunicación asertiva y escucha activa.

Finalmente, en su The Wisdom of Teams, Jon Katzenbach y Douglas Smith (1993) identifican varios componentes clave para el éxito de un equipo:

- *Un objetivo claro y compartido:* una comprensión común del propósito del equipo.

- *Roles y responsabilidades bien definidos:* cada miembro debe saber qué se espera de él.
- *Normas de comportamiento claras:* el equipo debe establecer reglas de interacción y colaboración.
- *Liderazgo efectivo:* capaz de inspirar y guiar.

Dos insights clave del modelo son *el papel fundamental del líder* en el éxito de un equipo (los facilitadores pueden ayudar a los líderes a desarrollar las habilidades necesarias para guiar a sus equipos de manera efectiva) y *la importancia de la retroalimentación* (los facilitadores pueden enseñar a los equipos a proporcionar y recibir feedback de manera constructiva).

Así, podemos tener una "visión de conjunto" de los tres modelos:

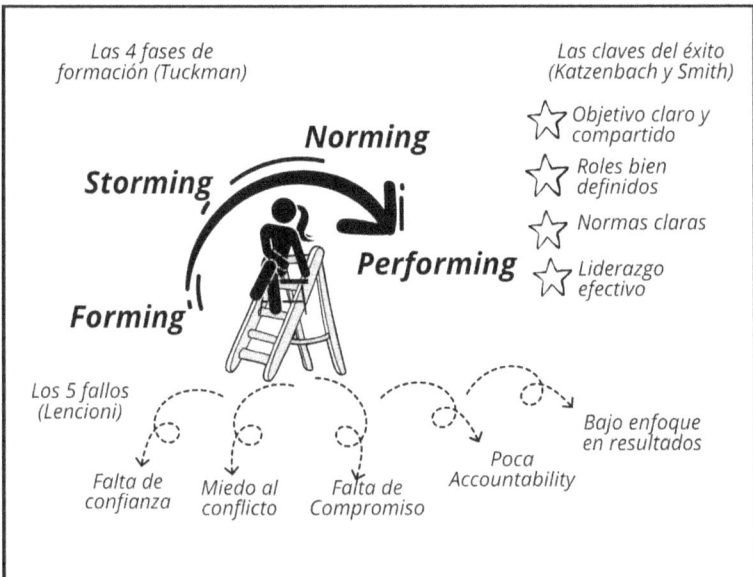

Figura 4. Tres modelos interesantes.

CP10 TB19	Cápsula Pedagógica: Mapas de empatía.

Un mapa de empatía es una herramienta visual, diseñada para que los participantes vean el mundo desde la perspectiva de otros, facilitando la comprensión y fomentando la conexión emocional (Gray y otros, 2010). El mapa de empatía se divide en secciones, que abordan la experiencia humana:

1. *Qué ve*: ¿Qué ven las personas en su entorno?, ¿Qué observan en su día a día, en su equipo de trabajo o en la cultura organizacional? Aquí se exploran influencias externas como el ambiente, los colegas y las dinámicas que les afectan.
2. *Qué escucha*: ¿Qué escuchan de otros?, ¿Qué influencias tienen de su entorno o de sus pares? Esto ayuda a entender cómo las interacciones y las comunicaciones impactan a cada quien.
3. *Qué piensa y siente:* ¿Cuáles son sus preocupaciones más profundas?, ¿Qué es lo que realmente les importa? Esta sección explora emociones internas, motivaciones y frustraciones de las personas.
4. *Qué dice y hace:* ¿Cómo se comportan?, ¿Cómo se comunican? Esta parte se enfoca en el comportamiento observable de las personas, sus palabras, expresiones y actitudes hacia los demás.
5. *Esfuerzos y retos:* ¿Cuáles son los mayores desafíos que enfrentan? En términos de obstáculos en el equipo, proyectos o comunicación.

6. *Metas y logros:* ¿Qué quieren lograr? ¿Cuáles son sus expectativas y aspiraciones? Aquí se exploran los deseos y objetivos que motivan a cada quien.

Figura 5. Mapa de empatía.

La implementación. Un mapa de empatía puede ayudar a fomentar la confianza y la apertura al crear un espacio seguro para la autocomprensión y la reflexión compartida. He aquí los pasos:

1. *Definir el propósito:* establecer el objetivo del ejercicio, como resolver tensiones dentro del equipo o mejorar la colaboración.
2. *Preparación:* antes de la actividad, el facilitador debe preparar un espacio colaborativo (físico o virtual) donde todos puedan participar. Puede ser una pizarra, hojas grandes de papel, o una herramienta digital para mapas colaborativos.

3. *Presentación:* el facilitador debe explicar qué es el mapa de empatía y su objetivo (comprender mejor a los demás miembros del equipo, fomentar la empatía y abrir canales de comunicación sinceros, en un ambiente de confianza y respeto mutuo).

4. *Recolección de perspectivas:* cada participante llena su propio mapa de empatía individualmente, respondiendo a preguntas como: ¿Qué veo en mi día a día en el equipo?, ¿Qué escucho de los demás?, ¿Qué pienso y siento acerca de mi lugar en el equipo? y ¿Cuáles son mis principales retos y metas? Luego, los participantes pueden compartir sus respuestas con el grupo, discutiendo las similitudes y diferencias en sus experiencias.

5. *Discusión grupal:* una vez que todos hayan compartido sus mapas, se abre una conversación grupal para explorar los puntos comunes y las diferencias. El objetivo es que los pares del equipo reconozcan los sentimientos y desafíos de los demás, generando empatía y mutuo entendimiento. *Aquí es donde el fortalecimiento de la confianza ocurre, cuando todos se sienten escuchados y valorados.*

6. *Reflexión conjunta:* después de la discusión, el facilitador guía una reflexión sobre cómo las percepciones individuales afectan la dinámica del equipo. Se puede identificar áreas de tensión y cómo al tener más empatía pueden trabajar mejor.

7. *Acción y compromiso:* el equipo puede trabajar en acciones concretas para mejorar la dinámica y superar los retos identificados. Los compromisos logrados suelen tener más impacto, ya que están basados en una comprensión más profunda de las necesidades y deseos.

¿Y los impactos del mapa de empatía? Al compartir de manera abierta lo que cada persona piensa y siente, los participantes pueden mostrar vulnerabilidad, lo que construye un ambiente de confianza. Al entender mejor los retos y motivaciones de los demás, los equipos pueden comunicarse de forma más efectiva y empática. El mapa de empatía permite identificar la raíz de conflictos y malentendidos y abordarlos antes de que escalen. Los equipos que se comprenden mutuamente suelen trabajar mejor juntos, ya que hay un entendimiento compartido de los objetivos y las barreras. Cuando los miembros del equipo logran ver el mundo desde la perspectiva de sus compañeros, se refuerza la cohesión, la confianza y la colaboración.

6

Temas especiales

*«El trabajo en equipo es lo que hace funcionar los sueños» (*Margaret C. Anderson, escritora).

«La curiosidad es el motor de la inteligencia» (Marie Curie).

«El secreto del cambio es enfocar toda tu energía, no en luchar contra lo viejo, sino en construir lo nuevo» (*Sócrates)*

En este capítulo de cierre exploraremos tres temas: la gestión del riesgo en los team buildings, el impacto de nuestra práctica en la salud mental y los ejercicios y aprendizajes que han sido parte de nuestro viaje por el entrenamiento colaborativo.

6.1. El Arte de Navegar por los Riesgos.

El team building, concebido como una herramienta para fortalecer los lazos interpersonales y mejorar la productividad, conlleva una serie de desafíos que van más allá de la simple diversión. La seguridad, un pilar fundamental en cualquier actividad grupal, requiere una planificación meticulosa y una comprensión profunda de los riesgos inherentes.

Develando los enemigos invisibles. El primer paso en la gestión de riesgos es *identificarlos*. Estos pueden ser tan tangibles como una lesión física durante una actividad deportiva, o tan intangibles como el estrés generado por una competencia excesiva. Es crucial considerar:

- **Riesgos físicos:** desde torceduras y caídas hasta condiciones climáticas adversas o alergias alimentarias.
- **Riesgos psicológicos:** el estrés, la ansiedad, la exclusión social o la competencia desleal pueden minar el espíritu de equipo.
- **Riesgos sociales:** conflictos interpersonales, discriminación o acoso pueden surgir en cualquier grupo, especialmente bajo presión.
- **Riesgos operacionales:** problemas logísticos, fallas en la comunicación o imprevistos como cortes de energía pueden afectar el evento.

Cuantificando el peligro. Una vez identificados los riesgos, es necesario *evaluarlos*. La matriz de riesgo, una herramienta sencilla pero efectiva, permite asignar a cada riesgo un nivel de probabilidad (¿Qué tan probable es que ocurra este riesgo?) y un nivel de impacto (¿Cuáles serían las consecuencias si ocurriera?). Al combinar estos factores, podemos priorizar las amenazas y asignar recursos para mitigarlas.

El plan: un escudo protector. Un plan de gestión de riesgos bien diseñado es la brújula que guía nuestras acciones. Debe incluir:

- *Objetivos claros:* minimizar la probabilidad de incidentes, garantizar el bienestar de los asistentes y cumplir con las normativas legales.
- *Procedimientos de emergencia:* desde la atención de primeros auxilios hasta la evacuación en caso de desastre, cada eventualidad debe tener un protocolo definido.
- *Asignación de responsabilidades:* cada miembro del equipo conoce su papel en la emergencia.
- *Recursos:* se debe contar con los recursos necesarios, como botiquines de primeros auxilios, extintores y teléfonos de emergencia.
- *Comunicación:* es esencial establecer canales de comunicación claros y efectivos para informar a todos los involucrados.

La capacitación: el arma secreta. Esto es clave para prevenir accidentes y gestionar eficazmente las crisis. Los facilitadores deben estar preparados en:

- *Primeros auxilios:* dominar las técnicas básicas para atender lesiones comunes.
- *Gestión de conflictos:* Saber mediar en situaciones tensas y resolver disputas.
- *Seguridad:* conocer los riesgos asociados a cada actividad y las medidas de prevención.

El puente entre teoría y práctica. La comunicación efectiva es fundamental para garantizar la seguridad de todos los participantes. Es necesario:

- *Informar:* los participantes deben conocer los riesgos potenciales y las medidas de seguridad.
- *Escuchar:* estar atentos a las preocupaciones de los participantes y responder de manera adecuada.
- *Retroalimentar:* pedir feedback a los participantes para mejorar continuamente el plan de gestión de riesgos.

El monitoreo continuo: la búsqueda de la perfección. La gestión de riesgos es un proceso dinámico. Es necesario monitorear continuamente la situación y ajustar el plan según sea necesario.

- *Inspecciones:* realizar inspecciones periódicas del lugar y del equipo.
- *Evaluación del plan:* revisar y actualizar el plan de gestión de riesgos de forma regular.
- *Lecciones aprendidas:* analizar los incidentes, para identificar oportunidades de mejora, mejores prácticas y lecciones aprendidas.

En esta línea, son referentes ISO 45001 (la norma internacional para sistemas de gestión de la seguridad y salud en el trabajo); OSHA (la Administración de Seguridad y Salud Ocupacional de Estados Unidos, que ofrece una gran cantidad de recursos y guías sobre seguridad en el trabajo) y la Cruz Roja, que ofrece cursos de primeros auxilios y guías de seguridad. Al adoptar una cultura de seguridad proactiva, apostamos porque nuestras actividades sean no solo divertidas y con impacto de aprendizaje, sino también seguras.

Profundizando en la gestión de riesgos. En este apartado ahondaremos en aspectos específicos de la gestión de riesgos eficaz.

1. Más allá de la matriz. La matriz de riesgo es un excelente punto de partida, pero podemos ir más allá con:

- *Checklists específicas:* detalladas para cada actividad, incluyendo verificación de equipos, condiciones climáticas, permisos necesarios y procedimientos de emergencia.
- *Consultoría de expertos: p*ara actividades de alto riesgo, como escalada o deportes acuáticos, es recomendable consultar con expertos en seguridad para obtener una evaluación más precisa.

2. Detalles clave. Vamos a estudiar lo siguiente:

- *Escalamiento de riesgos:* no todos los riesgos requieren la misma atención. Priorizar los riesgos de alto impacto y alta probabilidad es fundamental.
- *Contingencia:* desarrollar planes de contingencia para los escenarios plausibles, desde un cambio repentino en el clima hasta una lesión grave.
- *Comunicación de emergencia:* con protocolos claros de comunicación en caso de emergencia, incluyendo números de teléfono de emergencia, puntos de encuentro y señales de alerta.
- *Seguros:* incorporando la protección dual (participantes y organización y sus miembros).

3. Capacitación: más allá de los primeros auxilios.

- *Psicología del grupo:* comprender cómo funcionan los grupos y cómo gestionar conflictos.
- *Comunicación no verbal:* leer el lenguaje corporal para detectar señales de malestar o estrés.

- *Gestión del estrés:* Enseñar técnicas de relajación y manejo del estrés para ayudar a los participantes a sentirse más seguros y cómodos.

4. Monitoreo y Evaluación Continua.

- *Encuestas anónimas:* para obtener feedback sobre la percepción de seguridad de los participantes.
- *Análisis de incidentes:* investigar a fondo los incidentes, identificar causas y prevenir la repetición.
- *Mejora continua:* utilizar los datos recopilados para mejorar continuamente la gestión de riesgos.

5. Aspectos Legales y Éticos.

- *Normativa:* conocer y cumplir con las leyes y regulaciones (salud y seguridad en el trabajo).
- *Ética:* respetar los derechos de los participantes y garantizar su bienestar físico y psicológico.

Ejemplos concretos y casos reales. Trabajar con:

- *Casos de estudio:* analizar casos reales de incidentes en actividades de team building para identificar las causas y las lecciones aprendidas.
- *Escenarios simulados:* realizar simulacros de emergencia para poner a prueba el plan de gestión de riesgos y evaluar la preparación del equipo.

Enriqueciendo la narrativa. Para hacer la información más atractiva y fácil de recordar, emplearemos:

- *Metáforas:* comparar la gestión de riesgos con la navegación en alta mar, donde cada riesgo es una ola que debemos anticipar y sortear.
- *Historias:* contar historias de experiencias reales para ilustrar los conceptos.
- *Ejemplos de la vida cotidiana:* relacionar los conceptos de gestión de riesgos con situaciones que los participantes puedan identificar fácilmente.

Gestión de riesgos: la Autoevaluación. Valore cada condición propuesta con la escala: *(1)Nunca (2)Rara vez (3)A veces (4)Frecuentemente y (5)Siempre.*

1. Planificación y preparación	1	2	3	4	5
¿Se ha realizado un análisis exhaustivo de los posibles riesgos asociados a la actividad?					
¿Se ha elaborado una matriz de riesgos para priorizar las amenazas?					
¿Se han identificado las medidas de mitigación para cada riesgo?					
¿Se tiene un plan de emergencia detallado, incluyendo procedimientos de evacuación, primeros auxilios y comunicación?					
¿Se ha designado a una persona responsable de la seguridad durante la actividad?					
¿Se ha verificado que todos los participantes estén en condiciones físicas adecuadas para realizar la actividad?					
2. Comunicación					
¿Se ha informado a todos los participantes sobre los posibles riesgos y las medidas de seguridad?					
¿Se han establecido canales de comunicación claros y efectivos para cualquier emergencia?					
¿Se ha proporcionado a los participantes información de contacto de emergencia?					
3. Equipo y materiales					
¿Se ha verificado que todo el equipo necesario esté en buen estado y sea el adecuado?					
¿Se han establecido procedimientos para el mantenimiento y la inspección del equipo?					
¿Se ha considerado la posibilidad de condiciones climáticas adversas y se han tomado las medidas necesarias?					

4. Lugar de la actividad					
¿Se ha seleccionado un lugar seguro y adecuado para la actividad?					
¿Se ha evaluado el acceso al lugar y las posibles rutas de evacuación?					
¿Se ha obtenido los permisos necesarios para realizar la actividad?					
5. Seguimiento y Evaluación					
¿Se ha realizado un seguimiento continuo de los participantes durante la actividad?					
¿Se ha evaluado la efectividad del plan de gestión de riesgos después de la actividad?					
¿Se han registrado todos los incidentes, por menores que sean, para su análisis posterior?					
¿Se han realizado ajustes al plan de gestión de riesgos basados en los resultados de la evaluación?					
6. Cultura de Seguridad					
¿Se fomenta una cultura de seguridad dentro del equipo de organización?					
¿Se anima a los participantes a reportar cualquier inquietud o problema de seguridad?					
¿Se reconoce y recompensa a los participantes que demuestran un comportamiento seguro?					

Análisis de Resultados. Mediante este cuestionario, los organizadores podrán identificar las áreas de solidez y de mejora en su plan de gestión de riesgos. Un puntaje alto en todas las preguntas indica un plan de gestión de riesgos robusto y bien implementado. Eso sí, no basta con contar el número de respuestas positivas, sino se debe analizar las razones detrás de cada respuesta (tanto de puntajes altos como bajos).

Consideraciones especiales:
- *Actividades de alto riesgo:* para actividades como escalada o deportes acuáticos, es necesaria una evaluación de riesgos más detallada y específica.
- *Legislación local:* asegúrese de cumplir con todas las leyes y regulaciones aplicables a las actividades de team building en su jurisdicción.
- *Asesoramiento externo:* si es necesario, consulte a expertos en seguridad para obtener una evaluación independiente de su plan de gestión de riesgos.

La matriz de riesgos.

Una matriz de riesgos es una herramienta invaluable para identificar, evaluar y priorizar los posibles peligros en una actividad de team building. Está formada por cuatro componentes:

- *Evento:* la situación riesgosa a considerar.
- *Probabilidad:* una estimación de la frecuencia con la que podría ocurrir (baja, media, alta).
- I*mpacto:* la consecuencia del riesgo en caso de que ocurra (bajo, medio, alto, muy alto).
- *Medidas de mitigación:* las acciones específicas para reducir la probabilidad o el impacto del riesgo.

Por ejemplo, podríamos tener el *evento* "tropiezos o caídas debido al desorden o cables sueltos en el área de actividades"; su *probabilidad* es "Media", su impacto "Medio" y las *medidas de mitigación* incluyen: organizar el mobiliario de manera que haya suficiente espacio entre las mesas y sillas para facilitar el desplazamiento; asegurar los cables de equipo electrónico al suelo con cinta adhesiva; realizar una inspección previa del área para verificar que no haya obstáculos o superficies resbaladizas y designar a alguien del equipo de logística para mantener el área ordenada y libre de objetos que puedan causar tropiezos.

La siguiente es una matriz de riesgos para un team building al aire libre (caminata por la montaña):

Riesgo	P	I	Medidas de Mitigación
Lesiones por caídas	Alta	Alto	Capacitación en senderismo seguro, uso de bastones, elección de rutas adecuadas
Deshidratación	Media	Medio	Llevar suficiente agua, programar descansos regulares
Tormenta repentina	Baja	Alto	Seguimiento del pronóstico del tiempo, llevar ropa impermeable, establecer un punto de encuentro en caso de tormenta
Perdida en el camino	Media	Alto	Uso de GPS o mapa detallado, designar un líder de grupo
Encuentro con fauna peligrosa	Baja	Alto	Informarse sobre la fauna local, evitar áreas peligrosas, llevar un spray de oso o suero antiofídico (dependiendo de la fauna predominante).
Lesiones por torceduras	Media	Medio	Calzado adecuado, primeros auxilios básicos
Hipotermia	Baja	Alto	Ropa adecuada para el clima, llevar una manta térmica de emergencia
Incendio forestal	Baja	Muy alto	Informarse sobre las condiciones de riesgo de incendios, evitar fumar en zonas forestales

Tabla 8. Matriz de Riesgos para una caminata.

La matriz de riesgos debe ser revisada y actualizada regularmente, especialmente si cambian las condiciones o se introducen nuevas actividades. Se debe compartir con el equipo de facilitadores y con los participantes, si es apropiado. Se puede agregar columnas adicionales con información como:

- *Responsable:* la persona encargada de implementar cada medida de mitigación.
- *Recursos necesarios:* los recursos requeridos para implementar cada medida (botiquín, radios, etc.).
- *Indicadores de éxito:* cómo medir la efectividad de cada medida de mitigación.

Caso: matriz de riesgo para un escape room. Exploraremos un segundo caso, un "cuarto de escape"; el primer acercamiento al riesgo incluye:

- *Diseño de la sala:* los desafíos deben ser diseñados de manera que no pongan en peligro severo la integridad física de los participantes.
- *Iluminación:* la iluminación debe ser adecuada para evitar tropezar o golpearse.
- *Puertas y cerraduras: l*as puertas deben abrirse fácilmente desde adentro y las cerraduras deben ser fáciles de operar.
- *Materiales:* los materiales utilizados en la construcción de la sala deben ser seguros y no tóxicos.
- *Supervisión:* un facilitador debe estar presente durante toda la actividad para monitorear a los participantes y responder a cualquier emergencia.

Otras medidas a considerar: el personal debe debe estar capacitado en primeros auxilios, prevención de incendios y manejo de situaciones de emergencia; las salidas de emergencia, los extintores y los botiquines deben estar claramente señalizados; se debe tener un *protocolo de evacuación* en caso de emergencia y es recomendable contar con un seguro de responsabilidad civil.

Riesgo	P	I	Medidas de Mitigación
Lesiones por objetos afilados o pesados	Baja	Media	Inspección regular de las salas, eliminación de objetos peligrosos, señalización de posibles peligros
Incendio	Baja	Muy alta	Sistemas de detección y extinción de incendios, materiales ignífugos, salidas de emergencia claramente señalizadas
Atrapamiento	Baja	Media	Diseño de salas con espacios amplios y libres de obstáculos, señalización de posibles puntos de aprisionamiento
Ataque de pánico	Media	Baja	Información clara sobre la naturaleza de la actividad, señalización de salidas de emergencia, presencia de un facilitador capacitado
Daño a la propiedad	Baja	Media	Materiales resistentes y duraderos, supervisión de los participantes, depósito de objetos personales
Avería del equipo técnico	Media	Baja	Mantenimiento regular del equipo, equipo de respaldo, procedimientos de emergencia
Robo o pérdida de objetos personales	Baja	Media	Taquillas seguras para guardar objetos personales, vigilancia de la sala de espera

Tabla 9. Matriz de Riesgos para Escape Room.

CASO: matriz de riesgos en escape room virtual.
En este caso tenemos otras medidas de mitigación:

- *Realizar pruebas beta* con un grupo diverso de usuarios para identificar y solucionar problemas.
- *Análisis de datos:* Utilizar herramientas de análisis para identificar patrones de uso y áreas de mejora.
- *Feedback de los usuarios:* fomentar la participación de los usuarios a través de encuestas y foros.
- *Diseño de la interfaz:* esta debe ser intuitiva y fácil de usar para evitar frustración.
- *Accesibilidad:* el juego debe ser accesible para personas con diferentes discapacidades.
- *Privacidad:* se debe garantizar la privacidad de los datos de los usuarios.
- *Inclusión:* el juego debe ser inclusivo y no discriminatorio.

Otros riesgos a considerar:
- *Fatiga visual:* limitar el tiempo de juego continuo, ofrecer descansos.
- *Adicción:* establecer límites de tiempo de juego y promover un uso saludable del juego.

Los riesgos en un escape room virtual están más relacionados con la tecnología, la experiencia del usuario y la seguridad de los datos. Al abordar estos riesgos de manera proactiva, se puede garantizar una experiencia de juego segura y divertida para todos. Seguidamente, la matriz de riesgos para el "escape virtual".

Riesgo	P	I	Medidas de Mitigación
Problemas técnicos	Alta	Media	Pruebas exhaustivas del sistema, planes de contingencia para cortes de internet o fallos en el software, soporte técnico en tiempo real
Pérdida de conexión	Media	Alta	Plataformas estables, múltiples opciones de conexión (Wi-Fi, datos móviles), guardar el progreso del juego automáticamente
Fraude o piratería	Baja	Alta	Protección de datos, sistemas de autenticación robustos, detección de bots
Contenido inapropiado	Baja	Media	Filtrado de contenido, moderación de la comunidad, reportes de usuarios
Sobrecarga cognitiva	Media	Baja	Diseño intuitivo de la interfaz, pistas claras, dificultad escalable
Aislamiento social	Media	Baja	Opciones de juego cooperativo, chat en vivo, eventos sociales virtuales
Dependencia de dispositivos	Alta	Baja	Requisitos técnicos claros, opciones de juego en diferentes dispositivos

Tabla 10. Matriz de Riesgos (Escape Room virtual).

6.2. Salud mental y team building.

La Organización Mundial de la Salud (OMS, 2018) describe la salud mental como un estado de bienestar que permite a las personas enfrentar los desafíos de la vida diaria, trabajar productivamente y contribuir a la comunidad. Esto amplía la noción de salud mental más allá de la ausencia de trastornos mentales, para definirla como un estado de equilibrio emocional, psicológico y social. En lo organizacional, promover la salud mental no solo es una responsabilidad ética, sino que también está directamente relacionada con la productividad, retención de talento y éxito colectivo.

El team building, asociado con la mejora del trabajo en equipo y la cohesión entre los empleados, tiene un impacto directo en la salud mental de los miembros de una organización. Las actividades bien diseñadas pueden fortalecer habilidades sociales, fomentar un sentido de pertenencia y promover un entorno de trabajo más saludable. En este capítulo, exploraremos la intersección entre la salud mental y el entrenamiento de equipos, destacando cómo este enfoque puede ser una herramienta poderosa para mejorar el bienestar emocional y psicológico de los colectivos.

Interacciones positivas. Las dinámicas proporcionan un espacio seguro para que las personas se conecten en un nivel más profundo. A través de actividades compartidas, los equipos desarrollan una plataforma para el bienestar emocional, que incluye el fortalecimiento de vínculos, el manejo del estrés y las capacidades de afrontamiento de la adversidad. Revisemos estos factores:

1. *Construcción de relaciones interpersonales*: las actividades colaborativas mejoran las relaciones entre los miembros del equipo al fomentar interacciones que van más allá de los roles y responsabilidades formales. Esto puede reducir el aislamiento social y generar un sentido de pertenencia, factor clave para una salud mental positiva en el entorno laboral. La investigación ha demostrado que el aislamiento social en el trabajo está vinculado a un mayor riesgo de depresión, ansiedad y estrés. En contraposición, los equipos que cuentan con un ambiente colaborativo experimentan un aumento en el bienestar emocional (Cacioppo y Hawkley, 2003).

2. *Reducción del estrés*: el estrés es uno de los factores que más afecta negativamente a la salud mental en los entornos laborales. Las actividades de team building permiten que los empleados se desconecten temporalmente de las demandas laborales diarias, proporcionando momentos de alivio y relajación, como herramientas para el reencuadre de sitiaciones y el manejo del estrés tóxico.

3. *Fomento de la resiliencia:* las actividades que implican resolver problemas o desafíos complejos de manera conjunta, como las dinámicas de *escape rooms*, pueden fortalecer la resiliencia individual y grupal. La resiliencia, definida como la capacidad para salir fortalecidos de la adversidad, es una competencia crucial tanto para la salud

mental como para el éxito organizacional. Se ha documentado que las actividades de team building que involucran la superación de retos grupales aumentan la resiliencia de los participantes. Esto está alineado con el concepto de autoeficacia colectiva, un constructo clave para enfrentar adversidades (Bandura, 2000). La investigación ha mostrado que los equipos que superan desafíos juntos experimentan una mayor autoeficacia colectiva y tienden a tener una mejor respuesta a los factores estresantes en el futuro.

La promoción de capacidades. Además de mejorar la cohesión grupal, el team building puede ser una herramienta efectiva para promover habilidades psicológicas fundamentales, tales como la mentalidad de crecimiento, la capacidad de afrontamiento y el diálogo interno constructivo.

1. *Mentalidad de crecimiento:* esta teoría, populariza-da por Carol Dweck (2006), sostiene que las perso-nas que creen que pueden desarrollar sus habilidades a través del esfuerzo, son más propen-sas a tener éxito a largo plazo. Las actividades colaborativas que requieren superar obstáculos puede fomentar esta mentalidad. Por ejemplo, un equipo que participa en una carrera de obstáculos o en desafíos físicos y emocionales aprenderá que los errores y los fracasos son parte natural del proceso de aprendizaje. Este enfoque promueve la capacidad de ver los retos como oportunidades de crecimiento, lo que también se traduce en una mayor resiliencia ante el fracaso.

2. *Desarrollo de capacidades de afrontamiento.* Actividades que implican situaciones simuladas de crisis pueden aumentar la capacidad de afrontamiento en los equipos, ya que proporcionan una práctica segura para manejar el estrés y las emociones intensas, así como reencuadrar las situaciones difíciles y valorar los aprendizajes (Lazarus y Folkman, 1984).

3. *Diálogo interior constructivo:* la forma en que las personas se hablan a sí mismas tiene un impacto directo en su salud mental. El diálogo interno positivo, que incluye mensajes como "puedo manejar esto" o "he aprendido de mis errores", es clave para mantener una mentalidad saludable y para enfrentar los desafíos con éxito. Se puede incentivar este tipo de diálogo a través de actividades que refuercen el reconocimiento de los logros personales y grupales. Un ejemplo concreto es el uso de feedback positivo en dinámicas de construcción de confianza, donde los participantes deben identificar fortalezas en sus compañeros. Esto refuerza la autoestima, mientras cultiva un entorno en el que todos se sienten valorados.

Contraindicaciones. A pesar de sus beneficios potenciales, si no se ejecutan correctamente, estas dinámicas pueden exacerbar problemas emocionales y generar tensiones en el equipo, debido a:

Falta de adaptación a las necesidades individuales: es esencial que los ejercicios sean inclusivos y accesibles para todos los participantes; si son demasiado exigentes físicamente o emocionalmente, pueden generar ansiedad y exacerbar problemas de salud mental preexistentes. Por ejemplo, obligar a una persona introvertida o con fobia social a participar en una actividad que requiera una exposición intensa frente al grupo puede aumentar su ansiedad y generar rechazo hacia la dinámica.

Competitividad excesiva: las dinámicas que fomentan una competencia muy intensa pueden desencadenar sentimientos de frustración, estrés y aislamiento en aquellos que no logran el éxito. La competencia, aunque motivadora en ciertos contextos, debe equilibrarse con un enfoque en la colaboración y el apoyo mutuo, para evitar generar ambientes tóxicos.

Un enfoque inclusivo y empático, centrado en la promoción del bienestar colectivo, puede transformar el team building en una práctica que no solo mejore el rendimiento organizacional, sino que también fomente un entorno de trabajo saludable y sostenible para todos. Con un diseño adecuado, se puede fomentar la resiliencia, el afrontamiento del estrés, una mentalidad de crecimiento y mejorar el bienestar general. Las actividades deben ser inclusivas, bien estructuradas y orientadas no solo a mejorar la cohesión del equipo, sino a proporcionar herramientas de afrontamiento, florecimiento y autocuidado. Presentamos de seguido una actividad enfocada en el bienestar grupal.

TB 20	Teambuiding del Bienestar

Objetivo: Reducir el estrés y promover un mayor enfoque y bienestar colectivo.

Duración: 30 minutos.

Instrucciones:

- Todos los miembros del equipo se sientan cómodamente en una sala tranquila.
- *Respiración táctica.* Un facilitador guía un ejercico de *respiración táctica*. Todos los participantes se sientan cómodamente con la espalda recta y los pies apoyados en el suelo.
- El facilitador hace el encuadre: "Inhalen por la nariz en cuatro tiempos, visualizando cómo el aire llena sus pulmones. Ahora exhalen en cuatro tiempos. Sostengan los pulmones "vacíos" por cuatro tiempos y luego vuelvan a inhalar". El ciclo se repite por un par de minuttos.
- *Diálogo interior constructivo.* Una vez que los participantes se sientan relajados y centrados, el facilitador invita a cada uno a dedicar unos minutos a un diálogo interior constructivo. Se les pide que identifiquen un aspecto de su trabajo o vida personal en el que quieran mejorar y que formulen afirmaciones positivas relacionadas con ese aspecto. Por ejemplo: "Soy capaz de superar este desafío" y "Merezco sentirme satisfecho con mi trabajo". Se les anima a generar un diálogo interior con dos consideraciones: reconocerse como personas en proceso de crecimiento y desarrollo -con aciertos y fallos-, mientras van conversando consigo mismos igual a como lo harían "con un buen amigo".

- *Compartir (opcional):* si los participantes se sienten cómodos, se les puede invitar a compartir una resonancia del ejercicio o una afirmación positiva que hayan formulado.
- *Cierre:* el facilitador guía a los participantes en una breve meditación de agradecimiento, invitándolos a reconocer los aspectos positivos de su día o de su vida en general. Se les agradece su participación y se les recuerda la importancia de practicar la respiración táctica y el diálogo interior positivo de forma regular.

Entre los beneficios de este ejercicio se tiene:

- *Reducción del estrés:* la respiración táctica ayuda a calmar la mente y reducir la ansiedad.
- *Mejora de la concentración:* la práctica de la atención plena, a través de la respiración y el diálogo interior, aumenta la capacidad de concentración.
- *Fortalecimiento de la autoestima:* las afirmaciones positivas ayudan a reforzar la autoestima y la confianza en uno mismo.
- *Mejora de las relaciones interpersonales:* compartir experiencias y crear un espacio seguro para la reflexión fomenta la conexión y la empatía entre los miembros del equipo.

Respiración táctica y diálogo interior. La *respiración táctica* o controlada, que incluye patrones de inhalación, exhalación y pausas controladas, es una técnica efectiva para reducir el estrés y mejorar el autocontrol emocional. La evidencia científica respalda la idea de que esta práctica modula el sistema nervioso autónomo, promoviendo una respuesta de relajación y disminuyendo los niveles de estrés. Las investigacio-nes realizadas en el ámbito militar y de primeros auxilios, indican que la respiración controlada en cuatro fases (inhalación de 4 segundos, retención de 4 segundos, exhalación de 4 segundos y retención de 4 segundos) mejora la claridad mental bajo presión (Divine, 2014).

Por otro lado, la *rumiación* es un proceso psicológico que consiste en la repetición persistente de pensamientos negativos o problemas, generalmente sin llegar a una solución, lo que aumenta la angustia emocional, afecta la autoestima al concentrarse en los errores o fallos personales, ancla en un análisis constante que impide buscar soluciones y consume mucha energía mental, lo que agota mentalmente. La especialista Kristin Neff (2013) argumenta que el diálogo interno compasivo reduce la autocrítica, una de las principales fuentes de estrés psicológico, y fomenta una actitud más amable hacia uno mismo en momentos de dificultad. Esto, a su vez, reduce la reactividad emocional y la rumiación.

6.3. Nuestro viaje: *caminar sobre el fuego, jamaica bajo cero y la oruga catastrófica.*

6.3.1. Sobre carbones encendidos. Con la publicación de «El Viaje» (Margery, 2002) iniciamos un proceso enfocado en el desarrollo de las capacidades humanas. En el capítulo final de dicho libro, exploramos el ejercicio de *caminar sobre brasas encendidas,* una práctica ancestral en muchas culturas, que también se ha adaptado como una dinámica de team building. A nivel psicológico y organizacional, este ejercicio tiene varios impactos y aprendizajes potenciales, que han sido objeto de estudio y análisis en diversos contextos:

1. *La superación de miedos y la autoeficacia:* caminar sobre brasas representa un desafío físico y mental que involucra el enfrentamiento a miedos profundos (en este caso, el miedo a quemarse). Los estudios sobre la *autoeficacia* (Bandura, 1997) muestran que la superación de este tipo de desafíos puede incrementar la percepción de las personas sobre su capacidad para afrontar obstá-culos. Los participantes, al ver que son capaces de caminar sobre brasas sin lastimarse, experimentan un aumento significativo en su confianza y capaci-dad para enfrentar dificultades.

2. *Confianza en el grupo*: este ejercicio fortalece los lazos entre los participantes, que se animan mutuamente. La confianza mutua es esencial, ya que el grupo se convierte en una red de seguridad emocional para cada persona. Desde la *psicología social* (Forsyth, 2010) se sabe que enfrentar

desafíos colectivos aumenta la cohesión grupal y el compromiso con el equipo.

3. *Desarrollo de resiliencia*: caminar sobre brasas fomenta la capacidad de afrontamiento, ya que los participantes aprenden a tolerar la incomodidad y el estrés de manera controlada. Desde la *psicología positiva* (Seligman, 2002) sugiere que la exposición controlada a situaciones de alto estrés, seguida del éxito, contribuye al desarrollo de una mayor tolerancia emocional y capacidad de recuperación.

4. *Simbolismo de transformación*: para muchos, caminar sobre las brasas simboliza una experiencia de transformación personal, lo que puede reforzar cambios actitudinales o un renovado compromiso con el equipo. Aunque este impacto es más subjetivo, está vinculado a la psicología simbólica y ritualista, que genera un profundo sentido de logro (Xygalatas, 2012).

Entonces, caminar sobre brasas encendidas no solo promueve el crecimiento personal a través de la superación del miedo, sino que también fortalece la confianza y la cohesión en el equipo. Es una actividad intensa, cuyos beneficios psicológicos pueden ser profundos y duraderos. Incorporamos de seguido estas observaciones en una actividad de desarrollo grupal, el *firewalking*…

| TB21 | Firewalking (caminar sobre brasas) |

Caminar sobre brasas encendidas requiere de una preparación meticulosa para garantizar la seguridad física y los beneficios psicológicos esperados.

1. **Preparación del terreno y las brasas:**
- El área debe estar libre de obstáculos, con un espacio abierto y ventilado.
- Se utilizan *maderas blandas* (como roble, pino o abedul) que, al quemarse, generen brasas que mantengan el calor pero no llamas activas.
- Se queman por un período de 2-3 horas antes de la caminata, para asegurar que las brasas estén calientes pero sin llamas activas. La temperatura de la superficie de las brasas debe oscilar entre *400 y 700 grados Celsius.*
- La longitud de la línea de brasas generalmente oscila entre 3 a 6 metros. Esto proporciona un desafío significativo, sin poner en riesgo excesivo la seguridad de los participantes. Asimismo, el grosor de la capa de brasas debe ser uniforme y no exceder los 5 a 10 cm de profundidad.

2. **Evaluación de la seguridad.** Se debe contar con un facilitador capacitado, con experiencia en caminata sobre brasas y conocimientos en primeros auxilios. Hay que tener agua disponible, paños húmedos y un kit de primeros auxilios (que incluye, por precaución y usada muy raramente, crema para quemaduras). En la experiencia del autor, las quemaduras son muy raras, leves cuando ocurren y el principal riesgo son pequeñas brasas atrapadas entre los dedos.

3. **Sesión de preparación.** Antes de comenzar el ejercicio, se realiza una sesión de preparación mental de 30 minutos. El facilitador trabajará la *visualización positiva*, la respiración y manejo de ansiedad (véase el tema del *priming* en el segundo capítulo).

4. **La caminata.** Se inicia por establecer un ambiente de confianza y apoyo donde todos los participantes se sientan cómodos, sin ser obligados a participar, si no se sienten preparados.

- Los participantes deben quitarse el calzado y asegurarse de que sus pies estén secos (la humedad aumenta el riesgo de quemaduras).
- Los participantes caminarán uno por uno, a un ritmo constante, sin detenerse, para minimizar el contacto prolongado con las brasas calientes.
- El facilitador guia el proceso, brindando apoyo verbal y asegurando que el avance sea ágil.
- Cada caminante debe ser acompañado por el grupo, que está listo para para recibirle tras cruzar las brasas y celebrarlo al final de la caminata.

5. **Devolución y cierre.** Después de la caminata, los participantes deben ser llevados a un lugar seguro, para enfriar los pies y descansar. Se recomienda un *círculo de reflexión* en el que los participantes compartan sus sensaciones y aprendizajes. Esta sesión de retroalimentación es crucial para integrar las experiencias individuales en el proceso grupal y enfatizar cómo las lecciones aprendidas pueden aplicarse a desafíos laborales o personales.

La visualización simbólica. Para personas con condiciones médicas (problemas cardíacos o ansiedad severa), que deben abstenerse de participar, así como para aquellos que no deseen caminar sobre brasas, se cuenta con una alternativa.

La *visualización simbólica* es una técnica utilizada para reemplazar la experiencia física de caminar sobre las brasas, con un proceso mental. Consiste en imaginar vívidamente un proceso o experiencia (en este caso, caminar sobre brasas), como si realmente estuviera ocurriendo. A través de esta técnica, la persona visualiza cada paso, siente el calor de las brasas y atraviesa mentalmente el camino, generando las mismas emociones de logro, superación de miedos y transformación personal que aquellos que caminan físicamente sobre las brasas (Langes, 2007). Todo lo anterior en cuatro pasos:

1. *Preparación mental:* antes de comenzar, se fomenta un estado de relajación, mediante respiración profunda o meditación. El participante se centra en su objetivo (superar un miedo o desafío) y se dispone a imaginar el proceso.
2. *Creación de la imagen mental:* se imagina de manera detallada la línea de brasas, el calor, el entorno y la sensación de dar los primeros pasos. El foco está en visualizar el logro, cómo se supera el miedo inicial y se atraviesa el desafío con éxito.
3. *Inmersión sensorial:* para que la visualización sea efectiva, se debe involucrar a todos los sentidos. La persona debe imaginar no solo lo que ve, sino también lo que siente (el calor bajo los pies, la brisa

en la piel), escucha (el crepitar de las brasas) e incluso huele (el humo de la madera quemada).

4. *Resultado emocional:* al llegar al final de la caminata mental, la persona debe concentrarse en la sensación de logro, empoderamiento y superación. Esto genera un impacto emocional similar al de la experiencia física, reforzando el compromiso o cambio personal que se busca.

Los beneficios de la visualización simbólica incluyen:

• *Accesibilidad:* es muy útil para quienes no desean o no pueden participar en el acto físico, pero quieren obtener los beneficios psicológicos y emocionales asociados con el ritual.

• *Refuerzo emocional y psicológico:* al imaginarse superando un desafío, el cerebro responde de manera similar a como lo haría si estuviera sucediendo en la realidad. Esto puede aumentar la autoconfianza y reducir el miedo.

• *Flexibilidad:* la visualización puede realizarse en cualquier lugar y repetirse tantas veces como sea necesario para reforzar la transformación deseada.

Esta técnica ha sido utilizada en diversas formas de terapia y desarrollo personal para superar obstáculos mentales y lograr un mayor autocontrol. Es una poderosa herramienta que permite a las personas beneficiarse de los aspectos simbólicos del ritual sin necesidad de exponerse al riesgo físico.

6.3.2. Trineos de nieve. El ejercicio "Jamaica Bajo Cero", está inspirado en la historia del equipo de trineo de nieve de Jamaica, cuya memorable participación en las Olimpiadas de Invierno de 1988 fue llevada al cine en la película *Cool Runnings*. En este ejercicio, un equipo de cinco debe simular el movimiento de un trineo de nieve a alta velocidad. Su estructura desafiante y dinámica promueve la cohesión grupal a medida que los equipos deben trabajar en conjunto para coordinar sus movimientos de manera fluida.

En términos de beneficios para el equipo, "Jamaica Bajo Cero" apela a la adaptabilidad bajo presión, a reaccionar rápidamente a las instrucciones. Además, el constante cambio de roles y la necesidad de confiar en los compañeros refuerzan la confianza, el monitoreo mutuo y la comunicación enfocada. Como cada persona desempeña un papel fundamental para que el "trineo" avance, esto subraya la importancia de la cooperación y la responsabilidad compartida.

TB22	Jamaica Bajo Cero

Objetivo: explorar la sincronización, monitoreo mutuo, comunicación y aprendizaje colaborativo.

1. *Encuadre:* se divide al grupo en equipos de cinco personas. Cada equipo simulará ser ocupantes de un trineo de nieve, con los integrantes en fila numerados del 1 (al frente) al 5 (el último de la fila).
2. Se explicará que cada equipo debe simular el avance de un trineo de nieve, mediante tres movimientos: con "**Avanza**", el participante 1 pasa al

final de la línea (se convierte en el 5); al decir "**Rota**", todo el equipo gira 180° y con "**cambia**", los participantes 2 y 4 intercambian posiciones (véase la siguiente figura).

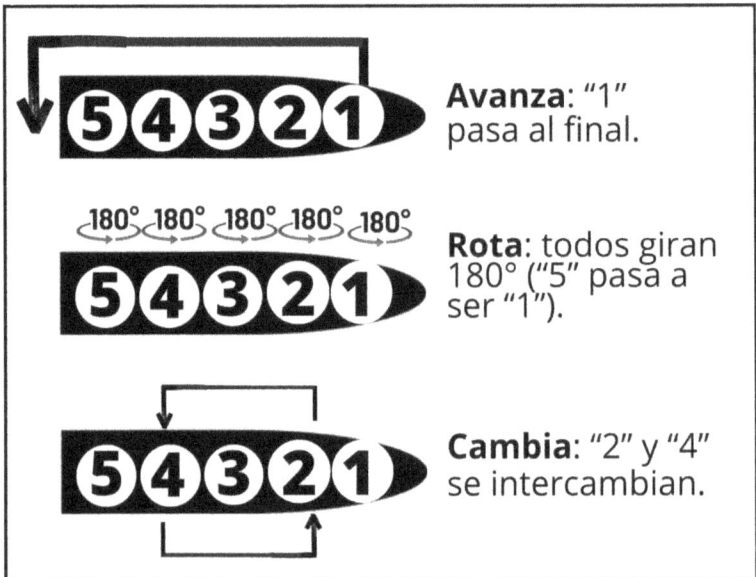

Figura 6. Los tres movimientos del trineo de nieve.

3. *Práctica inicial:* el facilitador comienza con secuencias simples, para que los equipos se familiaricen con los movimientos básicos. Por ejemplo, les pide un "avanza, avanza y rota" o un "cambia, rota y cambia".

4. *Fase de desarrollo:* a medida que los equipos van mejorando su sincronización y velocidad, se aumenta el nivel reto de tres maneras:

• *Combinación de movimientos:* se eleva la complejidad de las instrucciones, con secuencias de movimientos como: "Avanza, cambia, avanza, rota y avanza"; "Cambia, avanza, rota, cambia y avanza" y "Avanza, rota, cambia, rota y avanza".

- *Se aumenta la velocidad:* una vez que los equipos se sienten cómodos, el instructor da las instrucciones más rápido, para fomentar la reacción rápida y la sincronización precisa.
- *Entrenamiento nocturno:* para emular al equipo olímpico de Jamaica, que entrenaba por las noches, los equipos hacen nuevas series de movimientos, esta vez ¡con los ojos vendados!.

5. Fase de Reflexión: aquí se pregunta a los participantes: ¿Qué desafíos enfrentaron y cómo lograron superarlos? y ¿Pudieron experimentar en carne propia la curva de aprendizaje? Asimismo, se alimenta la reflexión sobre el participante número "3" en el movimiento "Cambia": a pesar de que no se mueve, es normalmente quien alerta a 2" y "4" que deben hacerlo: ¿Qué nos dice ésto sobre el monitoreo mutuo y las conductas de apoyo?

6.3.3. La "Oruga Catastrófica". El estado de *flow grupal* (o flujo colectivo), es un estado de alta concentración, sincronización y disfrute que ocurre cuando los miembros de un equipo están completamente inmersos en una tarea compartida. *La "oruga catastrófica"* es un potente artefacto, diseñado para inducir el estado de flow grupal.

Está bien documentado el impacto positivo del flow individual, en términos de motivación, creatividad y mejora en el desempeño. En los equipos, flujo grupal es más que una suma de estados de flujo individuales. Como señalamos en el segundo capítulo, el flow del equipo es aumentado por tres factores (Pels y otros, 2018): la *efervescencia colectiva* que genera un colectivo inundado de emociones positivas; el *contexto grupal*, en el que las personas piensan, sienten y actúan diferente en grupo y la *sincronía de interacción*, que emerge de la necesidad de coordinar metas y acciones con otras personas.

Para estudiar la emergencia del flow grupal y los procesos colaborativos, el autor analizó la efectividad de diferentes dispositivos. La llamada «oruga humana» resultó particularmente efectiva induciendo el flow grupal (en él, cinco personas se introducen en una banda de hojas de periódico unidas por cinta adhesiva y avanzan de manera coordinada). Dado que la emergencia del flow grupal y la improvisación colaborativa podían explicarse mediante la teoría de catástrofes, el experimento fue llamado «La oruga catastrófica» (Margery, 2020).

Figura 7. La oruga humana.

La "Oruga Catastrófica" es un laboratorio de colaboración. Los participantes deben construir y moverse sincronizadamente dentro de una estructura de papel, formada por planas de periódico unidas por cinta adhesiva. Esto genera concentración absoluta, inmersión en la tarea y un enorme disfute.

TB23	La «Oruga Catastrófica»

Objetivo: Inducir el flow grupal y practicar la colaboración mediante una actividad divertida y desafiante.

Fase 1: Preparación.
1. *Materiales:* reúna periódicos viejos y cinta adhesiva («masking tape» de 2 pulgadas).
2. *Inicio:* forme equipos de cinco personas (los supernumerarios asumen el papel de "coaches de orugas"). Cada equipo recibe tres periódicos y un rollo de cinta.
3. *Primera instrucción:* los equipos tienen 7 minutos para construir su oruga y otros 7 minutos para meterse dentro de ella y practicar el avance, pues deben prepararse para una «carrera de orugas». El objetivo es moverse juntos, de manera sincronizada, evitando que la oruga se destruya.
4. *Competencia:* se ubica a los equipos en un extremo de la sala y se les indica que "el objetivo de la carrera es llegar hasta el otro extremo de la sala y devolverse hasta el punto de partida. Nadie puede salir de la oruga al dar la vuelta y el ganador es el primer equipo que logra tocar la pared de partida". Normalmente el trayecto, de ida y vuelta, es de unos 30 a 40 metros.

5. *La carrera: la competencia* agrega un componente de presión que acelera la inducción del estado de flow grupal. Se celebra a todos los equipos.
6. *Evaluación del flow grupal:* se pregunta a los equipos si, en un momento determinado, sintieron una sincronización natural, se olvidaron de las distracciones externas y «simplemente avanzaron al unísono» y disfrutaron del proceso. Entonces se aclara que el verdadero ganador de la carrera es cada equipo que consigue entrar en flow.
7. *Retroalimentación:* se pide a los participantes que discutan cómo lograron superar los desafíos y qué podrían mejorar en el futuro, aplicando los principios del flujo a otros contextos colaborativos.

La «Caminata sobre el fuego» nos devuelve a nuestras primeras experiencias con grupos; «Jamaica Bajo Cero» nos sorprende por su sencillez, que contrasta con su capacidad de explorar los temas más complejos del trabajo en equipo; finalmente, la «Oruga Catastrófica» es una actividad central en nuestra práctica, un laboratorio de flow grupal. Estos tres ejercicios son hitos de nuestro trayecto; animamos al lector a dar con sus hitos, y aprovechar este libro en su propio viaje por el team building.

Referencias

Adair, J. (2017). Team building (5th ed). Kogan Page.

Argyris, Ch. & Schön, D.A. (2002). Apprentissage organisationnel. Paris: DeBoeck.

Bandura, A. (1997). Self-efficacy: The exercise of control. Freeman.

Beck, A. T. (1979). Cognitive therapy and the emotional disorders. Penguin.

Belbin, R. M. (2010). Team Roles at Work. Routledge.

Brown, B. (2012). Daring greatly. Gotham Books.

Cacioppo, J. T., & Hawkley, L. C. (2003). Social isolation and health, with an emphasis on underlying mechanisms. Perspectives in Biology and Medicine, 46(3), S39-S52.

Cialdini, R. (2016). Pre-suasion. Simon & Schuster.

Collins, R. (2009). Cadenas de rituales de interacción. Anhropos.

Cornelissen, Joep (2012). Sensemaking under pressure. Organizational Science, 23 (1), 118-137.

Cron, L. (2012). Wired for story. Writer's Digest Books.

Csikszentmihalyi, M (1990).The Psychology of Optimal Experience. Harper & Row.

Divine, M. (2014). Unbeatable mind. St. Martin's Griffin.

Dweck, C. (2006). Mindset. Random House.

Edmondson, A.C.(2019). The Fearless Organization. Wiley.

Emmons, R. A. (2013). Gratitude works!. Crown.

Forsyth, D. R. (2010). Group Dynamics. Wadsworth.

Frey, S. & R. L. Goldstone (2017). Cognitive mechanisms for human flocking dynamics. Cornell.

Granovetter, M. S. (1973). The strength of weak ties. American Journal of Sociology, 78(6), 1360-1380.

Gray, D., Brown, S., & Macanufo, J. (2010). Gamestorming. O'Reilly Media.

Hoff, D. y W. Burke. (2017) Learning Agility. Hogan Press.

Horan, S. (2007). Compass Points. (Inédito). SRI.

Johansson, F. (2004). The Medici Effect. Penguin.

Katzenbach, J. R., & Smith, D. K. (1993). The wisdom of teams. HBS Press.

Kirkpatrick, D. L. (1994). Evaluating training programs: The four levels. Berrett-Koehler Publishers.

Kolb, D. A. (1984) Experiential Learning. Prentice Hall.

Kolko, J. (2015). Exposing the Magic of Design. Oxford University Press.

Langes, M. (2007). Firewalking: The science of faith and the psychology of performance. Basic Books.

Lazarus, R. S., & Folkman, S. (1984). Stress, appraisal, and coping. Springer.

Lencioni, P. (2002). The five dysfunctions of a team: A leadership fable. Jossey-Bass.

Lewin, K. (1951). Field Theory in Social Science. Harper & Row.

Margery, E. (2019). Complejidad, transdisciplinariedad y competencias. España: Letrame.

Margery, E. (2020). Buscando el flow (las historias de la oruga catastrófica). En Revista del Observatorio del Juego, Vol, 2(1), 38-46.

Mayo, E. (1933). The Human Problems of an Industrial Civilization. Harvard University Press.

Neeley, Tsedal (2021). Remote Work Revolution. Harper Business.

Neff, K. D., & Germer, C. K. (2013). The mindful self-compassion workbook. Guilford Press.

Pels F., J. Kleinert & F. Mennigen (2018). Group flow. PLoS ONE 13(12): e0210117.

Priest, S., & Gass, M. A. (2018). Effective Leadership in Adventure Programming. Human Kinetics.

Riess, H. (2018). The empathy effect. Houghton Mifflin.

Schein, E. H. (2010). Organizational culture and leadership. Jossey-Bass.

Schechner, R. (1993). Rituals and the performance of identity. Routledge.

Schön, D. A. (1983). The Reflective Practitioner: How Professionals Think in Action. Basic Books.

Swezey, R. W. & E. Salas (Eds.) (1992), Teams: Their Training and Performance. Ablex Publishing.

Schrage, M. (1999). Serious play. HBR Press.

Seligman, M. (2002). Authentic Happiness. Free Press.

Senge, P. (1990). The Fifth Discipline. Doubleday.

Spinka, M., Newberry, R. C., & Bekoff, M. (2001). Mammalian play: training for the unexpected. Quarterly Review of Biology, 141-168.

Suits, B. (1978). The Grasshopper: Games, Life, and Utopia. University of Toronto Press.

Tannen, D. (1990). You Just Don't Understand: Women and Men in Conversation. Ballantine Books.

Tajfel, H. (1981). Human social groups. Cambridge University Press.

Tuckman, B. W. (1965). "Developmental sequence in small groups." Psychological Bulletin, 63(6), 384–399.

Tuckman, B. W., & Jensen, M.A.C. (1977). "Stages of small-group development revisited." Group & Organization Studies, 2(4), 419–427.

Woltjer, G. y Kirschner, P. (2011) Team Learning: Building Shared Mental Models. Instructional Science. Vol. 39 (3), 283-301.

World Health Organization. (2018). Mental health: strengthening our response.

Xygalatas, D. (2012). The Burning Saints: Cognition and Culture in the Fire-walking Rituals of the Anastenaria. Equinox.

Zander, R. S., & Zander, B. (2000). The art of possibility. Harvard Business Press.

Zak, P.J. (2017). The trust factor. HBR Press.

.

www.ingramcontent.com/pod-product-compliance
Lightning Source LLC
Chambersburg PA
CBHW021112090426
42738CB00006B/609